# 理蕴人文 以情诱思

## 让物理教学更有情味

向敏龙 著

中国出版集团 现代出版社

**图书在版编目(CIP)数据**

理蕴人文　以情诱思：让物理教学更有情味 / 向敏龙著. —北京：现代出版社，2020.6

ISBN 978-7-5143-8709-4

Ⅰ. ①理… Ⅱ. ①向… Ⅲ. ①中学物理课－教学研究 Ⅳ. ①G633.72

中国版本图书馆CIP数据核字（2020）第110489号

理蕴人文　以情诱思：让物理教学更有情味

作　　者　向敏龙
责任编辑　张　璐
出版发行　现代出版社
地　　址　北京市安定门外安华里504号
邮政编码　100011
电　　话　010-64267325 64245264
网　　址　www.1980xd.com
电子邮箱　xiandai@cnpitc.com.cn
印　　制　北京政采印刷服务有限公司
开　　本　710mm×1000mm　1/16
印　　张　11.5
字　　数　186千
版　　次　2022年6月第1版　　2022年6月第1次印刷
书　　号　ISBN 978-7-5143-8709-4
定　　价　45.00元

# 序言

PREFACE

当春的绿意正浓的时候，夏的脚步已经悄悄地来了。校园的早晚依然有些许凉意，但草已高，树已绿，暖意随着阳光一遍遍滑过窗台，时间的脚步并没有停留。四年弹指一挥间，猛回首，当2019年新绿耀眼的时候，青葱岁月已不再是当年。

新课改把“一切为了每一位学生的发展”确立为核心理念，以培养创新精神和实践能力为重点，为每一位学生的终身发展提供必备的基础知识、基本技能和良好的情感态度与价值观，满足每一位学生终身发展的需要，促使学生全面发展。物理新课标要求学生在理解科学、技术、社会、环境关系的基础上逐步形成对科学和技术应有的正确态度以及责任感。通过高中阶段的学习，让学生能正确认识科学的本质，具有学习和研究物理的好奇心与求知欲，能主动与他人合作，尊重他人，能基于证据和逻辑发表自己的见解，实事求是，不迷信权威，能遵循普遍接受的道德规范，具有热爱自然、保护环境、珍惜生命、促进社会可持续发展的责任感。

有想法就有探索，有探索就有发展。科学素养追求真，人文素养求善向美，是人心灵的呼唤。为了探索物理教学的真谛，研究物理教学的本质，让教育理念扎根于实际，本书从物理教育本质出发，探索科学素养和人文素养的融合培育对中学生的成长的作用及其有效的教学策略。在教学实践中倡导贯彻“人文”和“情思”两条主线，让物理教学既有思维的深度，也有浓浓的情味。在教学实践中反思，在反思中实践，不断地再反思、再实践，在反复的反思撞击中凝聚成思想的火花，真切地记录真实的体验和感悟。

理蕴人文。人文，即重视人的文化。人文素养是指在人文科学、人文精神、人文氛围滋养熏陶下而形成的思想观念、价值取向、人格模式、审美情趣、思维方式、学识才华等精神收获的总和，是将人类优秀的文化成果，通过知识传授、环境熏陶等教育过程，使其内化为人的学识、气质、修养，成为人的相对稳定的内在品质。物理学的发展探索史也是人类的优秀人文史。物理学家在发现探究规律中积淀的优秀人文底蕴是我们教育学生的丰富基因。

以情诱思。在物理教学中，物理观念的建立是基础，科学思维的培养是核心，科学探究是方式，科学态度与责任是育人的最终目标。杨振宁教授说，“现象是物理学的根源”。物理学的研究依赖于对情境的观察、建构、实验和抽象。目前发达国家流行的STEM教学和项目学习，其实都是情境学习，让学生在新情境中解决问题，着力培养学生的创新思维能力和终身学习能力。本书重点分析在物理概念的建立和物理规律的探究中多角度、多层次地创设丰富的情境，诱导学生在重构或重演知识的建构过程中细品慢嚼，有所思，有所悟，让学生受到科学与人文两种文化的双重熏陶。

让物理课堂既有思维的深度，又有充满情味的温度。著名教育家杜威说过：“离开了人和人的发展，一切美妙的教育计划都无异于海市蜃楼。”物理教学同样依赖于教师的情感引领。学校教育也是师生相处的一段生活，我们除了关注考试外，更应关注学生的成长，物理教学不仅应广泛联系生活中的自然现象和社会科技活动，也应融入教师真实的感悟和本真的体验，让学生不仅掌握物理知识，更学会理解物理知识的深层意义与蕴涵价值。

四年来，我认真反复审视自己的成长，有的变了，有的没变。正如歌曲《我变了我没变》所唱的那样：一天宛如一年，一年宛如一天；任时光流转，我还是我。一遍用了千遍，千遍只为一遍，当回忆久远，初心始现……

立足教学实践，坚守梦想前行。积沙成塔，集腋成裘。这本个人专著——《理蕴人文　以情诱思：让物理教学更有情味》，正是记忆的整合、理念的碰撞、灵感的源泉。它不仅凝练了个人潜心研究的点点心血，也汇聚了一路遇见的各位同仁、导师和领导的指导和交流。

向敏龙

2019年7月1日

目录

CONTENTS

## 上篇　理蕴人文　以情诱思

## 下篇　教海拾贝　以情育思

# 上篇

# 理蕴人文 以情诱思

自从伽利略、牛顿等物理先辈将物理学推进到他们那个时代人类对自然界认识的最前沿，物理学的发展开始逐步完善，之后牛顿又将微积分引入物理学中，物理学便已经超越了其他学科，成为理解自然界最合理的科学，也为社会做出了无与伦比的贡献。特别是近年来，在基础研究和广泛应用中，我们清晰地看到物理学已超越了人类的直觉思维方式，进而成为在逻辑和创新方面的尖端科学。从伽利略、牛顿到今天的物理学，这个过程是漫长的，是曲折的，是一步步发展起来的。至此，物理已不仅仅是一门自然科学，它已经上升到指导探索自然界乃至处理人生的高度，成为造福社会全方位的“文化”。这是因为物理学的思想深入每个物理学家的灵魂，指导他在任何工作与思维中采取的立场和方式。这种指导是潜移默化的，你可能都感觉不到它的存在，但会自觉或不自觉地遵循物理的法则来思考，甚至那些学过物理（认真学过和思考过，而不是敷衍了事）的学生，哪怕是中学生都会受物理文化的影响。他们可能在之后的人生中不再学习物理知识，不再记得学过的物理公式，但这种思维方式是永远不变的。

物理学发展中形成的物理文化蕴含了丰富的人文科学。因此，物理不仅是知识，而且是一种思维方式，是一种人文思想。物理人文不仅指导着科学家如何探索大自然的规律，将之总结成“理论”，以及如何继续深入乃至如何应用它为人类造福，也指导人们如何正确地思维和选择解决问题的方法，如何克服困难向前进，无论是对尖端科学还是日常生活和工作。所以，物理学不仅仅是实验科学，其已经升华为指导我们思维和工作的一种文化了。凡是学过物理的人都潜移默化地运用物理思维去理解周围的事物，去判断周围错综复杂的形形色色的真伪，以采取最合理（自己认为最合理）的方式去处理、去改变（这和做物理预言类似）。中学物理教学不仅仅是培养将来从事物理研究或物理教学的精英，而是培养对国家、对社会做贡献的人才，不论将来他们的职业是什么。

物理人文的真谛一是求真，二是溯本求源，什么事都要搞清来龙去脉。著名作家龙应台认为，只有让知识进入人的认知本体，渗透其生活与行为中后才能称为素养。人文素养是在涉猎了理、文、史、哲之后更进一步的认识，最后都回归到对人的关怀。物理学有着丰富的人文内涵，物理学家的科学精神、献身精神对每个学生的人文素养的影响是深远的。在学习过程中，学生如果理解了一个规律、原理的起源和发展，这个规律、原理就会显示出其内在的人文性，充满了“人情味”。物理学的发展史，本身就是一部科学家们为追求真理而前赴后继、不屈不挠的奋斗史。学生对它知道得多一些、广一些，将会有更大的勇气以科学家在创造伟大业绩中所表现的人格力量为榜样，确立为科学而奋斗，为真理而献身的崇高品德。

新课程理念强调，价值引领、思维启迪、品格塑造是学校和教师的三大核心任务。从物理学科角度讲，物理教学不应局限于狭隘的学科本位中，过分地注重物理的知识与内容、任务和要求，这样将不利于培养视野开阔、才思敏捷并具有丰富文化素养和哲学气质的人才。物理学科知识就其结构而言，可以分为表层结构和深层结构。表层结构就是物理概念、规律的内涵和意义（科学意义），深层结构是蕴含在物理学科知识内容和意义之中或背后的精神、价值、方法论、生活意义、文化意义。深层结构的存在方式是隐性的、渗透的、分散的、暗线的，但它是学生核心素养形成和发展的根本。所以，物理学科的教学不仅仅是为了帮助学生获得物理知识、技能和能力，而同时应指向人的精神、思想情感、思维方式、生活方式和价值观的生成与提升，教师要为科学素养和人文素养而教，让学生成为有文化意义、思维意义、价值意义的人。

《普通高中物理课程标准》（2017年版）把物理教学中蕴含的展现科学的人文价值内容列入教学目标，这是对教育本质认识的质的飞跃。新课改特别强调科学精神和人文底蕴的培育。物理学对人类思维方式、价值观念等产生了深远的影响，对人类文明和社会进步做出了巨大贡献，深化着人类对自然界的认识；物理学的研究来源于对生活和自然的抽象与凝练，物理学的研究也依赖于对丰富情境的观察、实验、论证和概括。所以，情境教学对培养学生的物理核心素养具有关键作用。特别是创造性思维依赖于新情境的创设，依赖于教师的情感引领。学校教育就是师生相处的一段生活，教育就存在于生活细节之中。教师在讲课时，除了关注考试外，还应广泛联系与知识有关的生活现象和人类职业活动，让学生在掌握知识的同时，理解知识的意义与价值，让我们的课堂更有情味，更有温度。

美国教育学家克罗韦尔指出：“教育面临的最大挑战，不是技术，不是资源，不是责任感，而是去发现新的思维方式。”物理教育是学生科学素养教育的摇篮。在核心素养的指引下，物理学科的核心素养包含了“物理观念、科学思维、实验探究、科学态度与责任感”四个方面。这四个方面是互相影响、互为促进的关系。“科学思维”是核心素养中的核心，它主要指物理中重要的思维方法，包括建模的思想、创造性思维、批判性思维、推理论证、分析综合、抽象概括等思维与方法。在核心素养的导向下，教育目标应定位在学生的终身发展的行为习惯和关键能力的养成上。中学阶段是培养学生核心素养的关键时期。物理教学中科学思维能力的培养是思维能力培养的主渠道之一，无论是物理概念的建立或物理定律的发现，还是基础理论的创立和突破，都离不开科学思维能力。

“情”是教育的“魂”，学生的思维特别是创新思维能力的培养离不开新情境的创设。一方面把物理学科内容与自然生活情境相融合，以“情”为纽带，以“思”为核心，以“学生活动”为途径，以“生活现象”为源泉构建情境教学。另一方面是“情”能启“智”，通过“情感与认知”结合，让教师的“爱”与学生的“情”相交融，依循学生情感的跃动，把握学生情感的生成、发展的脉络，利用学生的情感激发他们的潜能，让学生成长为具有道德情感、审美情趣的人才。

科学素养追求真，人文素养讲究的是求善向美，是人心灵的呼唤。因此，本书提倡“理蕴人文 以情诱思”的教学思想，着力将学生的物理学科素养和人文素养的教育有机融合，并充实于日常的物理课堂教学中，扬弃枯燥的纯知识教学，让学生受到科学与人文两种文化的双重熏陶，从中细品慢嚼，有所思，有所悟，在其中乐，乐在其中。

# 聚焦核心素养，让物理教学更有情味

学生核心素养的培育是建构在掌握核心知识过程中的，学生关键能力的形成是在新情境、新任务中完成的。新课程理念强调，价值引领、思维启迪、品格塑造是学校和教师的三大核心任务。物理教学不仅应让学生掌握基础知识，发展关键能力，也应在多彩的课堂情境中培养学生勤于思考、乐于探究的学习习惯并提升其人文素养。物理概念、规律的内涵和科学意义属于物理学科的表层结构，物理学科的深层结构是蕴含在学科知识内容和意义之中或背后的精神、价值、方法论、生活意义、文化意义。深层结构是学生核心素养形成和发展的根本，它的存在方式是隐性的、渗透的、分散的、暗线的。所以，物理的教学不仅应让学生获得知识、技能和能力，同时也要挖掘其育人功能，探讨指向人的思想情感、思维方式和价值观的生成与提升，让学生成为有思维深度、文化品位兼具哲学气质的人。

## 一、在“活用教材，以情诱思”中，让教材更有情味

物理教材不仅是学生掌握物理知识的重要载体，也是培养学生的科学素养和人文素养的重要载体。教材面向全体学生，而学生之间的差异是很大的，教材知识本身和课堂教学中学生学习的知识是有根本区别的。如果我们不能在教学中对教材进行再创造，那么只能局限在“重结果”的圈子里，也就谈不上培养学生的创造性思维。

**1. 活用教材，倡导原生态的教学**

教材中呈现的知识大多是从现实生活中抽离出来并加以概括的，其陈述的某一过程和学生经历的某一过程往往并不是一回事。教学中的很多过程是需

要交互活动才能进行下去的。其中，学生是课堂的主体，教师应从“关注教教材”转变为“关注学知识”，把原生态的核心性的学习还给学生。传统的以“讲教材”和对应的“讲练考”为特征的教学模式，存在着忽略建构原生态的思维情境的弊端，忽视了学生的思维训练。

教师若以原生态的问题为起点，改变课堂以灌输型为主的枯燥、难懂的面貌，物理课将会变得亲切、有趣，学生也更能主动地学习。比如，从原生态的现象出发，把丰富多彩、神奇美妙的物理世界以情境的方式展现在学生面前，激发学生的好奇心和求知欲，引导学生以探索研究的心态进行学习。例如，在物理必修1自由落体运动的构建中，应结合学生实际回归原始问题的设置——从讨论生活中的落体运动入手，到自由落体运动，再到匀变速运动，突出思维起点的构建。

**2. 以情诱思，倡导有高阶思维的深度教学**

教材只是单向传递信息，学生的思维是在教学交互交流过程中激发的，面对不同的学生需要创设不同的情境，需要将孤立、静止的学科知识内容还原并运用于学生的现实生活。让学生成为教学情境中的主角，是使学生掌握知识、发展思维、实现知识教学的丰富价值的必经之路。

一方面借助知识的表层结构开启思维的起点，另一方面挖掘知识的深层结构，通过创设逻辑问题情境，引导学生超越表层的知识学习，体会理解知识的逻辑内涵和外延意义，将表层学习提升为深层意义的获得，使学生学会思考、学会做人。因此，教师要发挥主导作用，扮演好导演的角色，创设情境给学生以惊喜，诱导学生勤于思考，乐于探究，在获得知识的同时身心愉悦，爱上物理和物理教师。

## 二、在“丰富实验，重构情境”中，让实验充满情味

哲学家苏格拉底认为，教育就是引导，就是助产，让个体最大限度地“沉浸”到“现实场景”，是理性思维培养的必然选择。学科知识是形成学科素养的载体，学科活动才是学科素养的渠道。实验教学中，若能充分利用教材上的演示实验和课后的小实验或补充一些条件允许的课外小实验，学生会更喜欢思考，更喜欢物理。

**1. 挖掘生活情境，拓展课外实践，让物理更有温度**

杨振宁教授认为："现象是物理学的根源。"中学物理知识与生活现象紧密联系。学生已有的生活经验和物理现象是其物理现实的基本构成。因此，选取与学生生活经验有关的题材来创设情境，是非常有教育意义的。如汽车的安全行驶距离、万有引力中的潮汐现象、家用电器的应用、水火箭的制作等，与生活联系非常密切。在教学中构建生活情境，让学生形成将物理知识与日常生活、自然现象相结合的意识，养成对生活亲近、热爱、和谐相处的情感。

**2. 灵活地融合演示实验与分组实验，畅通核心素养培养通道**

物理实验探究既是一项学习内容、一种学习方法，也是生成学科品质与能力的重要环节，更是培养学生核心素养的有效途径。在日常教学中，如何灵活地融合演示实验与分组实验，也是一门创造性学问。在山区实验教学中有很大的突破空间，改进实验有时会产生意想不到的教学效果。比如，在广东省首届青年教师物理教学创新大赛上，我指导的课例《向心力》进行了这样的处理。

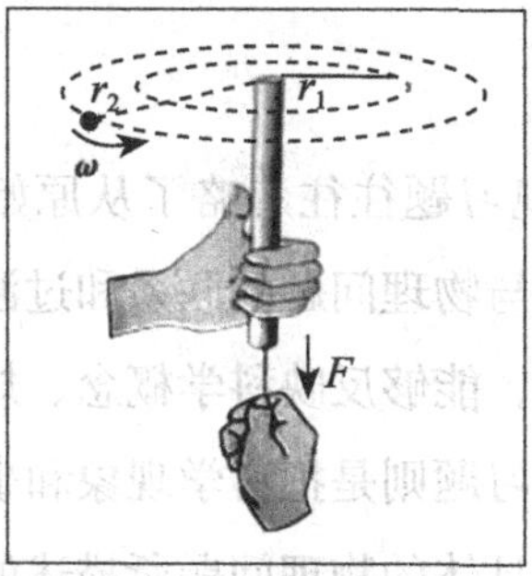

图1　向心力演示仪

图2　改进仪

一是将教材中"感受向心力"的演示仪进行了直观演示。用一个乒乓球拉起一瓶矿泉水，分别让空心的和注入沙子的乒乓球做圆周运动，绳子的拉力提供向心力，让学生比较两种情况的异同，得出向心力与什么有关；二是将"向心力的大小"的结论改为用向心力演示仪进行分组定量探究。整堂课下来，学生兴趣高涨，效果非常好，该课例也获得了省一等奖。

在中考、高考选拔中，学生的动手实验能力比较难体现出来，高三实验复习也是通过大量的实验试题训练来完成的，这就导致了很多学生对物理不够感兴趣。所以，要抓住中学生学习物理的思维特点，丰富实验情境，这对于提高物理教学效果和培养学生的学习兴趣、科学与人文素养是非常重要的。

## 三、在“追源设境，完善习题”中，让习题充满情味

高中物理教学离不开物理习题教学，新课标强调了习题的思想性、人文性。习题教学既是培养学生科学思维，特别是建模思维和推理分析能力的重要载体，也应是承担传递爱国主义及正能量的学习平台。

**1. 改革试题，体现人文情怀**

新一轮课程改革，注重教材的人文关怀，弘扬中华优秀传统文化，增强民族自信心和凝聚力。近年来，中考、高考中出现了大量富有人文气息的好题目，特别是在学业水平考试当中体现得很充分，这对促进学生人文素养的提高有重要的作用。如借助“巍巍青山两岸走”“轻舟已过万重山”“大江东去”“夕阳西下”等名句，请学生判断参考系的选取，分析相对运动。这些试题巧妙地借助学生耳熟能详的诗句，将一幅幅美丽的画卷呈现出来，让学生感受美的熏陶，体会运动之美。

**2. 追源设境，完善习题**

高考试题一般比较新颖，而很多常规习题往往忽略了从原始生活问题到物理问题的构建过程，缺少关注原始问题与物理问题的联系和过渡。原始问题是对自然界及社会生活、生产中客观存在，能够反映科学概念、规律本质且未被加工的科学现象和事实的描述。而课本习题则是把科学现象和事实经过一定程度抽象后加工出来的练习作业。每一个具体的物理问题所描述的物理现象或过程，都对应着物理模型。因此，在很多习题中应还原补充一些科学现象和事实的描述（原始问题）来完善习题。诱导学生学会建立合适的模型去揭开掩盖问题的现象或过程的本质特征的面纱，从而提升“习题训练”过程。这样或许“钱老之问”又有了新的答案。

高中物理习题教学不能仅仅是为了得到答案，而是要全面提高学生的问题解决能力。试题的情境、设问的角度及方式要科学、可信、新颖、灵活，适度关注原始问题，注重模型思维的运用，使习题教学回归物理本真，让学生从题海中跳出来，由做题向做事转变，在解决实际问题中培养学生的核心素养。

## 四、在“优化设计，以情追问”中，让课堂充满情味

树立相互尊重的人文情感氛围，平等看待学生、关爱学生，鼓励学生开放思想、敢于质疑，让课堂充满温情。把学生放入人文情境中去，采用“诱导探究”的教学方法，让学生主动地获取知识，并用知识解决问题。在这种新课堂氛围下，学生的人文素养将得以健康发展。

### 1. 优化情境，诱导探究

优化情境是让学生在课堂上既感到严肃活泼，又和睦友好。要让知识进入学生的头脑中被理解和成为学生的认知结构中的一部分，首先是要能引起学生原有认识的失衡，产生疑惑好奇，然后才会有自我调节并生成新的认知结构（即进行思考、探究，然后形成新理解）的过程。在物理教学中，我们要根据学生的特点和基础，选择不同的教学情境，激发学生的问题意识和促进探究的进行，使学生思维处在爬坡状态。优化情境的目的在于促进学生主动去深度建构，不断地引发学生认识的不平衡并帮助生成新的认识。“优化”意味着教师的创造和精心设计，其目的在于激发学生的问题意识和探究意识，让学生经历探索知识的学习过程：观察—探究—猜想—证明，使学生在知识的主动建构中，体验知识的“再创造”过程。

### 2. 情境相融，以情追问

学生思维的培养离不开“灵动的课堂”，在物理课堂中不仅要创设情境，更应有人文情怀。情境学习理论强调学习是一个社会性的、实践性的参与过程。知识的特征：情境性、协商性；学习的特征：情境性、社会性；知识的意义：学习者自身的意识与角色都是在学习者和学习情境的互动、学习者与学习者之间的互动过程生成的。所以，应从物理教学方法改革着手创设人文课堂。

创设情境相融的充满温度的教学设计应把握好三个方面，一是教师的教要注重渗透情境教学（最好别具一格，或有吸引力、或具喜剧性等），教学情境的创设要突出学习过程，突出创新精神、实践意识、方法、能力的培养，突出从生活走进物理、从物理走向社会的理念，要善于依据学生的状态辅助不同的情境教学；二是学生的学要注重学科思维与学生思维的有机结合，层层递进，借助多媒体与传统教学手段恰到好处的融合来展开教学设计；三是教学内容要

创造性处理，注重知识的构建过程，关注核心问题的设计，做到以情追问，在核心问题中尽可能暴露学生的“闪光点”和“相异构想”，有意识地培养学生的问题意识。

“理蕴人文　以情诱思”。核心素养的培育是一个师生相长的过程，不能只是单向地认为教师在培育学生的核心素养，但另一方面，学生也在用他们的行为表现、反馈信号不断考问、锤炼、深化和砥砺教师自身的核心素养。科学素养与人文素养的培育是一次次融化与弥漫的过程，它不仅教会学生理解物理概念和规律，更在于每一位物理教师用情“化”在自己的教学方式方法、生命成长过程中。

## 参考文献

[1] 余文森.指向核心素养的教学关注[M].上海：上海教育出版社，2017.

[2] 李吉林.李吉林与情境教育[M].北京：人民教育出版社，2007.

[3] 林钦，陈峰.关于核心素养导向的中学物理教学的思考[J].课程·教材·教法，2015（12）：90–94.

——本文2019年发表于《广东教育》

# 素养导向下的物理情境的创设与应用

教书育人是教师的天职，教书是途径，是手段；育人是目的，是根本。素养导向的教学要求教师首先要具有积极的生命情态，是心地善良、有情有爱、充满生命活力的人，对社会肩担道义，对工作爱岗敬业，对生活乐观向上，对困难越挫越勇，对他人团结合作，对自我勤奋进取。其次要具有强烈的育人情怀。

## 一、核心素养导向的教学

新课标理念把阅读能力、思考能力和表达能力看成学生的三大核心能力，把正确的价值观、科学的思维方式和优秀的品格看成是学生的三大核心素养。北京师范大学肖川教授认为："从学科角度讲，要为素养而教（用学科教人），学科及其教学是为学生素养服务的，而不是为学科而教，把教学局限于狭隘的学科本位中，过分地注重本学科的知识与内容、任务和要求，这样将十分不利于培养视野开阔、才思敏捷并具有丰富文化素养和哲学气质的人才。"任何学科的教学都不仅仅是为了获得学科的若干知识、技能和能力，而是要同时指向人的精神、思想情感、思维方式、生活方式和价值观的生成与提升。学科教学要有文化意义、思维意义、价值意义，即人的意义。核心素养的培育需要良好的教育。遗憾的是，在我们的物理教学中，经常可以看到有些学生物理知识掌握得很熟练很牢固，解题能力也很强，但是往往在相处的过程中就会感觉到他身上缺了什么东西，这东西就是素养。学科教学要努力把学生培养成为知识丰富、思维深刻、人性善良、品格正直、心灵自由的人。

## 二、思维启迪——科学思维方式的培养

在学科核心素养导向下，科学思维是核心素养的关键点。因为思维方式是一个人脑力劳动（认识活动）的武器（媒介）。它是由思维方向、思维品质、思维方法和思维能力等构成的综合体。科学的思维方式决定一个人脑力劳动的水平和质量。学校教育教学不能只在知识点和能力点、知识和能力的细节上做文章，而是要在引导和启迪学生学会正确的思维上下功夫。从认识论的角度分析，可以把思维方式看作人的认识定式和认识运行模式的总和；从个体的角度分析，思维方式是个体思维层次（深度）、结构（类型）、方向（思路）的综合表现，是一个人认知素质的核心。

生命是一种开放性、生成性的存在，人的思维也应该具有开放性、生成性的特点。这是人的能力不断发展的内在机制。思维一旦模式化、格式化，就不可能有创新，能力发展也就停止了。学校和教师要将学生科学思维方式的培养提升到奠基学生能力基础、关乎学生人生长远发展的高度来认识。培养学生的思维，要从以下两个维度着力：第一，从客观性、科学性的角度讲，要注重科学精神和客观性思维能力的培养，即培养学生学会用事实、实证、逻辑、推理和论证进行思维的能力。以《论语》中的“毋意、毋必、毋固、毋我”要求自己。“毋意”是指做事不能凭空猜测，主观臆断，一切以事实为依据。“毋必”是指对事物不能绝对肯定或否定，要有辩证思维。“毋固”就是不能固执。“毋我”就是不要自以为是。第二，从主观性、主体性的角度讲，要注重学生批判精神和质疑能力的培养，即培养学生独立、独特、个性、新颖的思维和想象能力。

## 三、物理情境是开启思维密码的钥匙

在物理教学中，情境创设的核心意义是激发学生的问题意识和促进探究的进行，使思维处在爬坡状态。这是因为，人要形成新的认识，即知识能够进入人的头脑中被理解和成为人的认知结构中的一部分，首先是要能引起人原有认识的失衡（通俗地说，就是“好奇”“生惑”），然后才会有自我调节并生成新的认知结构（即进行思考、探究，然后形成新理解）的过程。情境要促进主

动建构，其内在含义就是要引发认识的不平衡并帮助生成新的认识。根据刺激物对学生感官或思维活动所引起的不同作用，情境大致分为实体情境、模拟情境、语表情境、想象情境及推理情境。在物理教学中，主要有以下情境。

**（一）常见情境的运用**

**1. 自然生活情境**

当物理和学生的现实生活密切结合时，物理才是活的，富有生命力的。在课堂教学中创设生活情境能使学生在熟悉的情境中自由、轻松地学习物理知识。学生们用脑去思维、用眼去观察、用耳去倾听、用嘴去表达、用手去操作、用身体去经历、用心灵去感悟，使他们在最佳的状态中学习，从而体验到物理离不开生活，物理知识源于生活而最终服务于生活。学习物理可以帮助我们更好地解决生活中的实际问题。在课堂教学中，我们联系生活实际，寻找生活中的物理素材，让物理教学更多地联系实际，贴近生活。

自然生活即是以物体原型为主的情境。把学生带到大自然中去，所见的山川田野、风云雨雪、花草树木、鸟兽虫鱼等都是自然生活；在课堂上所出示的实验、实物等也是自然生活。自然生活因其本身的具体化，使学生看得见，摸得着，易于感受，易于理解。凭借自然生活，可以发展学生的观察能力、思维能力，从而加深对事物的认识。例如，在讲授光的折射现象时，在一个透明的塑料盒里放一些水，水中竖直放置一块画有一条小鱼的泡沫塑料板，用一条细铁丝当鱼叉，看谁能一下叉中鱼。

总之，让物理与生活结伴同行，联系生活学物理是物理课程标准的基本理念，也是物理教学的重要途径。我们应该致力于使引入、探究、练习、游戏的教学环节与生活有机地结合起来，达到生活材料物理化，物理教学生活化的目的。与此同时，教师也应让学生在具体的生活情境中，以自己过去已有的经验为基础，以自己独特的方式进行知识的建构。正如冰心老人所说："让孩子像野草一样自由生长。"让学生在生活化的情境中有自由探究的空间、自由摸索的时间、自由发挥的舞台、自由展示的天地，使他们的潜能得到开发、个性得到张扬、创新意识得到培养。只有善于在课堂教学中创设生活化的情境，才能使教材再现生机与活力，才能使课堂充满个性与灵气，才能使物理教学更加丰富多彩，才能让物理因生活更精彩！

**2. 模拟实验情境**

模拟实验情境是在相似原理的基础上产生的。以实体创设情境具体而真实，固然有它的优越性，但也不可避免地有它的局限性，客观上不可能具备那么多的实体，主观上亦不需要事物均以实体出现。模拟实验情境，则根据教学的实际需要，抓住事物的主要特征，运用一定的手段进行复现，达到形象地反映事物特点的目的。如图画再现、音乐渲染、角色扮演，都属于模拟情境。因为是模拟，就和实体相似。学生进入模拟情境就可通过眼前形象和实际感受，联系已积累的经验，展开联想与想象，使情境丰富而逼真。同时，由于是模拟情境，只需相似而已，在运用时就显得简便易行。电场线、磁力线等都是一种意境。实验中用蓖麻油模拟电场线，借助模拟情境让学生去体验、感受。由于模拟情境只求相似，因此它是情境教学中常用的一种方法。

**3. 想象推理情境**

想象情境是通过学生的想象活动，在已经获得经验的基础上，将表象重新加以组合的情境。它虽不像实体情境那样可以看得见、摸得着，但它的意象却比实体情境更广远，更富有感情色彩。学生的情绪往往在想象情境中得到高涨，想象力也随之而发展。当然，想象情境往往要借助实体情境、语表情境或模拟情境，把它们作为想象的契机。比如，电影《带着地球去流浪》里面很多就是典型的想象情境。因为所有这些情境，学生并不能亲眼见到，只是将有关表象重新组合成新形象而构成。学生看到地球流浪的实体情境，于是思维的种子向远方飞去，新的形象随之出现，学生进入想象情境……

推理情境总是伴随着形象进入分析推导事物的有序状态中的，通常以核心问题串形式出现。探究物理规律时，常常运用到推理情境。推理情境帮助学生从具体到抽象，从个别到一般去深入地认识事物的本质。

**（二）情境创设的特点**

然而，在物理教学实践中，人们对情境创设却存在误解，如把“情境创设”等同于“情境设置”，认为情境创设就是情境的生活化、情境的趣味化等。凡此种种现象，不仅脱离了情境的本质特征，而且也影响了情境作用的有效发挥。

**1. 情境创设是创造性行为**

一种较为普遍的认识是把情境创设等同于情境设置。这种认识所带来的危害可能是对情境功能与价值指向的淡化。“创设”与“设置”虽是近义词，但是两者的差异也是十分明显的，前者预设了对教师创造性行为的要求，而后者却不包含此义。“创设”意味着教师的创造和精心设计，其目的在于激发学生的问题意识和探究意识。而“设置”可能意味着教师提供的只是一种现成的、未经过加工的情境，其中并不含有激发学生问题意识和探究意识的价值预设。比如，怎样创造性地处理教材呢？如果只是陈述教材的某种现象就是一种情境的设置。但如果我们同时依据教材内容创造性地选择教学方法，教学时应突出教学方法的优化选择，从教材内容实际出发，按照“以学定教”的理念，从学生的心理发展特征和能力基础出发，依据教材内容创造性地运用多种教学方法来激活学生的大脑，在众多教学方法中进行比较选择，提炼出适合学生特征的教学方法，这就是一种情境的创设。再如，在平常教学中如何灵活地融合演示实验与分组实验，也是一门创造性学问。大胆地改进实验有时会产生意想不到的教学效果。

可见，情境创设让学生经历了探索知识的学习过程：观察—探究—猜想—证明，不仅使学生在知识的主动建构中，通过对知识的理解、发现与生成，体验知识的“再创造”过程，而且情境创设自身也成为一种基本的教学要求。

情境应贴近学生的生活，因为物理源于生活，生活是学习物理现实的重要源泉。这意味着物理教学中的情境创设是一种基于特定学习目标和学习内容的需要，以学生的经验为着力点，以物理初始条件的创设和生活素材的选取为主要环节的信息加工过程。它不仅为学生提供一个主动参与物理活动的经验平台，同时也架设了一座联系物理与生活的桥梁。

在教学实践中，把情境创设等同于情境的生活化，一味追求物理与生活的联系，可能会导致学生的生活被人为地拓展和提升，甚至被成人化，从而阻碍情境内在物理信息的功能发挥。由于情境中的生活背景与学生的知识经验不能进行有效的“对接”，这必然给学生人为设置了一种信息障碍，进而影响与制约学生对情境内在物理条件的观察、质疑和思考。

情境创设的目的在于促进学生意义建构的主动发生。由于学生已有的生活经验和物理知识是其物理现实的基本构成，所以在情境创设中，选取一些与学生生活经验有关的题材，其教育意义是明显的。然而，这种生活情境只是众多不同种类的情境中的一种，关注学生的现实生活并不意味着情境的生活化。事实上，随着学生身心的不断发展及物理学习内容的抽象性不断增加，教师创设的情境可能更多的是立足于物理本身以及物理与其他学科之间的联系。

**2. 情境的趣味性**

在物理教学中，根据学生的身心发展特点，创设一些具有挑战性和趣味性的情境是十分必要的。比如，现行教材中就出现了大量的主题情境图。然而，“趣味化”与“趣味性”的一字之差，却折射出情境创设者对“情境”本质的两种截然不同的认识。进一步说，情境的趣味化意味着对情境所具有的趣味性过于关注，因此不可避免地带有“去”物理的行为倾向。情境的趣味化虽然导致的可能是淡化物理特征，但是，它也含有合理的一面，即表现出对学生学习情感的关注。事实上，把情境创设等同于情境的趣味化，这种现象的产生大多是由于教师对情境的趣味性与物理特征之间关系的把握失衡所致。

因此，根据学生的学习目标与学习内容的特定需要，把握好情境的趣味性与其内在物理特征的基本关系，这对情境功能的有效发挥是十分重要的。

**（三）情境创设的切入点**

《普通高中物理课程标准》（2017年版）明确指出：“让学生在生动具体的情境中学习物理；让学生在现实情境中探索物理规律。”可见，在物理教学中创设情境已成为课程改革的一大亮点。然而在教学实践中，常常会出现盲目追求热闹，狭隘地创设教学情境的现象：有的生活味浓了，物理味淡了；有的直观演示多了，物理思考少了……那种自认为是生活化、趣味化的强化创设，是为情境创设而创设，只会使情境成为课堂的一种摆设和点缀，使教学陷入片面化、低效化的误区。

那么，我们怎样才能有效地创设物理教学中的情境呢？“境”是一种物质的存在，“情”是一种精神的烘托，只有有“情”之境才能使物质因素有了情感色彩。因此，当“情”与“境”相互交融，“情境”也就形成了。物理教学中的情境应该将“物质”和“精神”融为一体，形成融洽、和谐、温馨的教学氛围，激起学生的学习兴趣和热情，进而以趣激思，以疑获知，引导学生探求物理知识的奥妙。

**1. 情境创设要选择情节，激发内驱**

评价物理情境是否得当、有效，既要看能否激发学生学习的兴趣，还要看能否促进学生的物理思维，诱发学生积极主动地参与学习，并激发学生内在的物理学习需求。

什么样的情节内容会使学生感兴趣、爱思考呢？这需要根据不同年龄段的学生来确定。初中的学生更多地关注“有趣、好玩、新奇”的事物，像魔术表演性的生活实验、物理学史故事的情境都是他们感兴趣的对象，所以初中物理教学中的情境创设可以突出故事性，将问题镶嵌在故事情境中。而高中的学生开始对“有用”的物理更感兴趣，所以应该尽可能选择一些现实生活中的事例，以现实生活中真实故事的形式呈现，追求一种“在情境中生成物理，寓物理问题于真实的情境中的教学境界”。

**2. 情境创设要设置冲突，建立挑战**

有趣的情节能激发学生的兴趣，但这种兴趣往往是浅层次的，是一种短暂的新鲜和好奇。心理学研究表明，每个人都有填补认知空缺、解决认知失衡的本能，所以创设情境要利用这一点，促使学生在物理学习中产生不和谐的心理状态和急需解决问题的心理需求，诱发学生对物理问题做出主动反应。创设情境，设置合理的认知冲突会激发学生产生深层次的兴趣——探究的欲望。

实践证明，那些不需要经过学生思考或思考价值极低的问题，哪怕用再绚丽的画面来点缀装饰，也无法点燃学生心中的探究欲望之火，自然也就称不上真正意义上的情境创设。而且，它在一定程度上还可能成为分散学生思维的干扰因素，产生负面影响。所以情境是否有效，不在于氛围营造的简洁华丽之别，不在于问题提供方式的差异，而应归结为有无刺激和是否能引起学生的主动反应，并进入一种“心求通而未得”的心理境界。

**3. 情境创设要指向明确，切入主题**

新课程提倡在物理教学中创设生活情境，引导学生自觉建模，但生活中信息量大，如果教师提问指向不明，就会使学生多元误读，生成一些毫无意义的东西。教师从学生的实际情况与课堂可操作性出发，把学生从对情境的单纯体验转移到对物理问题的探索上来，既激发了学生提出问题的兴趣，也培养了学生提出问题的能力。

要从学科教学向学科智慧转变，培养创新型人才，就需要让学生在新颖的情境下去思考解决问题。课堂上不仅要创设智慧型情境让学生学会“独立思考、探索实践”，更要在创设情境时处理好宽泛性与定向性、探索性与高效性之间的关系，能够在物理课堂上“泼墨如水，惜墨如金”，使教学不仅是有效的，还是高效的，让学生在解决问题中提升个人的科学素养和情感素养。

# 追溯“百年物理学史”，探讨核心素养的培养[①]

卡文迪许实验室曾被称为“诺贝尔物理学奖获得者的摇篮”，而“科学思维、实验探究、科学态度与责任”是物理学科的主要核心素养。在教学中，从卡文迪许实验室的创建过程和前几任非常有影响的实验室主任（如麦克斯韦、汤姆孙、卢瑟福）身上，可以发现有很多宝贵的素材值得去挖掘、去提炼，借以培养学生的核心素养。

## 一、百年长河中的卡文迪许实验室

卡文迪许实验室是英国剑桥大学的物理实验室。负责创建卡文迪许实验室的是著名物理学家、电磁场理论的奠基人麦克斯韦。该实验室对整个实验物理学的发展产生了极其重要的影响，众多著名科学家都曾在该实验室工作过，卡文迪许实验室甚至被誉为“诺贝尔物理学奖获得者的摇篮”，至今仍是世界著名实验室之一。

## 二、卡文迪许实验室主任们的成长对物理教学的启示

中学物理课本有很多物理知识涉及麦克斯韦、汤姆孙、卢瑟福等物理学家，他们的成长史是非常丰富的，他们都在卡文迪许实验室创造过辉煌成就。这些物理学家一直栩栩如生地活跃在中学物理课本中。他们的成长史对于培养学生的核心素养是极好的史学素材。

① 本文是广东省中小学新一轮“百千万人才培养工程”专项科研项目2016年度课题“高中生物理学科核心素养培养的策略及评价研究”（项目编号：BQW16MJS075）研究成果之一。

**1. 家庭、名师的熏陶，造就了良好素养**

“学习兴趣和评判性思维”是学生需具备的核心素养之一。第一任卡文迪许实验室主任麦克斯韦的父亲是一名不随流俗的机械设计师，他对麦克斯韦的影响非常大。麦克斯韦读书非常用功，但并非死读书，在学习之余他仍然写诗，毫不满足地读课外书，积累了相当广泛的知识。在爱丁堡大学期间，有两个人对麦克斯韦影响最大，一个是物理学家和登山家福布斯，一个是逻辑学和形而上学教授哈密顿。福布斯是一个实验家，他培养了麦克斯韦对实验技术的浓厚兴趣，通常一个从事理论物理的人很难有这种兴趣。他强制要求麦克斯韦写作要条理清楚，并把自己对科学史的爱好传给麦克斯韦。哈密顿教授则用广博的学识影响着麦克斯韦，并用出色的怪异的批评能力刺激麦克斯韦去研究基础问题。在此期间，麦克斯韦获得了攀登科学高峰所必备的基础训练。

在第三任卡文迪许实验室主任汤姆孙的成长过程当中，其父亲对他的“科学态度与责任”的培养产生了十分重大的影响。汤姆孙的父亲本是一个摆摊卖书报的小贩，后来靠自己的奋斗成为一名专印大学课本的著名书商。他从自己的切身经历中深知没有知识的苦衷，于是发誓要教子成才，为儿子聘请了家庭教师指导学业，并注意培养他的艺术素养。老汤姆孙虽是一名书商，可是因职业关系，平时来往的都是曼彻斯特大学的教授，家里也还有点书香气。汤姆孙有严父督教，又有这样一个环境熏陶，学业大进，14岁便考进了曼彻斯特大学。进入大学后，汤姆孙对科学研究非常入迷，这种着迷程度甚至让他把爱情都置之度外。英俊潇洒、才华横溢的他不乏众多美丽少女向他求爱，但他都置之不理，甚至在自己心爱的露斯写信向汤姆孙求婚时，他提出当自己获得亚当斯物理奖以后再结婚的要求，所以他在34岁的时候才结婚。这足以看出，小时候父亲的家教赋予了他对科学研究的强烈执着精神。

第四任卡文迪许实验室主任卢瑟福出生在一个工人家庭，祖辈皆务农，父亲是农民和工匠，母亲是乡村教师。他在上小学时就对科学实验产生了浓厚的兴趣。父亲的心灵手巧，母亲的乐观向上、勤劳、朴实，是卢瑟福的榜样。卢瑟福在父亲潜移默化的熏陶下，也喜欢动手动脑，显示出他非同寻常的创造天赋。卢瑟福喜欢自己动手制作的本领，对他后来的科学研究工作起到了重要的作用。由于从小家境贫寒，通过自己的刻苦努力，这个穷孩子才能完成他的学业，这段艰苦求学的经历培养了卢瑟福一种认准了目标就百折不回、勇往直前的精神。后来学生为他起了一个外号——鳄鱼，并把鳄鱼徽章装饰在他的实验室门口。因为鳄鱼从不回头，它张开吞食一切的大口，不断前进。

这些史料说明，在中学阶段培养学生的学习兴趣、批判性思维、创造能力、坚毅执着的精神等核心素养对个人的成长是非常重要的。

**2. 批评"粉笔"物理教学，呼吁加强实验物理教学**

麦克斯韦作为实验室的第一任主任，在1871年的就职演说中对实验室未来的教学方针和研究精神做了精彩的论述，是科学史上一个具有重要意义的演说。麦克斯韦的本行是理论物理学，但他却清楚地知道实验称雄的时代还没有过去。他批评当时英国传统的"粉笔"物理学，呼吁加强实验物理学的研究及其在大学教学中的运用，为后世确立了实验科学精神。这也正是我们当今所提倡的物理学科的核心素养之一——实验探究。

**3. 培养会科学思维的人**

汤姆孙发现了电子，打开了原子大门，他的儿子后来因证实电子是一种波也被授予诺贝尔物理学奖。汤姆孙在担任卡文迪许实验物理教授及实验室主任的34年间，培养了众多的人才。他认为大学应是培养会思考、有独立工作能力的人才的场所，不是用"现成的机器"投影造出"死的成品"的工厂。这种思想对当代教师培养学生科学思维很有启迪作用。卡文迪许实验室在汤姆孙的领导下，建立了一整套研究生培养制度和良好的学风。在他培养的研究生当中，著名的有卢瑟福、朗之万、汤森德、麦克勒伦、巴克拉等，这些人都有重大建树，其中有9人获得诺贝尔奖。这说明培养学生的科学思维对人的成长起着关键作用。

**4. 一位伟大的导师不仅要言传身教，还应有广博的胸怀**

当人们评论卢瑟福的成就时，总要提到他"桃李满天下"。有人说，如果世界上设立培养人才的诺贝尔奖的话，那么卢瑟福是第一候选人。他被誉为"从来没有树立过一个敌人，也从来没有失去一位朋友"的人。在他的助手和学生中，先后荣获诺贝尔奖的多达11人。1912年诺贝尔物理学奖的获得者玻尔曾深情地称卢瑟福是"我的第二个父亲"。科学界中，至今还传诵着许多卢瑟福精心培养学生的小故事。“卢瑟福不仅是一位伟大的科学家，而且也是一位伟大的导师，在他的实验室中培养出如此众多杰出的物理学家，恐怕没有一位同时代的科学家能与卢瑟福相比。科学史告诉我们，一位杰出的科学家不一定是一位伟人，而一位伟大的导师则必定是伟人。”而这位伟人的伟大品格是在苏格兰的农舍中培育出来的。可见，广博的胸怀与言传身教也是一个优秀教师的核心素养。

卡文迪许实验室之所以能在近代物理学的发展中做出这么多的贡献，有它特定的时代背景和社会条件，但它创造的经验很值得我们汲取和借鉴，从伟大的物理学家成长的历程中，我们可以看到一个人的成功离不开家庭、环境的良好影响，从他们身上我们可以学到他们高尚的品格和严谨的治学态度，这些对于我们当下的家庭教育和物理教育都有很好的指导作用。

## 参考文献

[1] 刘化君.简明物理学史［M］.济南：山东大学出版社，1992.
[2] 郭奕玲，沈慧君.物理学史［M］.北京：清华大学出版社，2005.
[3] 郭奕玲，沈慧君.诺贝尔物理学奖一百年［M］.上海：上海科学普及出版社，2002.

——本文2017年3月发表于《湖南中学物理》

# 近代物理教学中的创新思维及其培养

高中物理课本中近代物理知识主要有四章，即《相对论》《波粒二象性》《原子结构》及《原子核》，内容虽粗浅，但对于认识物质世界的本质，培养学生的创新思维，让学生掌握科学的探索世界的方法有着极其重要的意义。现从高中物理教学的角度，探讨一下近代物理教学中的创新思维及其在学生中的培养。

## 一、近代物理教学中的创新思维

创新思维就是思维过程不仅能揭示客观事物的本质和内在联系，而且在此基础上产生前所未有的思维过程。牛顿在总结伽利略等前人研究成果的基础上，通过创新思维提出了运动的基本定理，建立了经典力学。但是科学上没有永恒的真理，人们总是不断地在追求着、探索着。19世纪末，随着阴极射线、电子、X射线、天然放射现象的发现，物理学经历了疾风暴雨式的变革，逐渐由经典物理过渡到近代物理；20世纪相对论的建立进一步完善了物理学。这其中的探索史就是一部活生生的创新史。

科学上每一个小小的进步，都是创新思维的生动体现。对于一个教学工作者而言，在教学中多向学生渗透创新思维有着极其深刻的意义，它可以使学生在以后的科学探索及人生道路上少走弯路。比如，人们对光的本性的认识，17世纪以来就存在着“波动说”和“微粒说”两种说法，但是直到19世纪末人们才认识到“波粒二象性”，这其中经历了近两个世纪，也充满了艰辛和曲折的探索。再如，人们对原子和原子核的认识，从电子的发现—打破原子不可分—汤姆孙的枣糕式原子模型—卢瑟福的核式模型—玻尔假说—天然放射现象—原子核—更深层次的粒子，这其中就是一个探索美、追求美的过程，也是一部生动活泼的创新教材。可以说近代物理教学中的每一章节都蕴含了丰富的创新教学素材，把握好这些章节的教学，可以充分激发学生探索世界的兴趣，较好地培养学生的创新思维。

## 二、更新教学模式，培养学生的创新思维

高中近代物理知识是学生学习近代物理知识的一个启蒙，在这些章节的教学中，一方面学生感到知识枯燥、抽象、难学；另一方面对于培养学生进一步学习物理知识却起着重要的桥梁作用。根据本人的教学经验，教学中从以下几个方面把握，效果较好。

**1. 精研教材，全面贯彻创新思维**

首先，作为教师本身要对近代物理的发展有比较深刻的了解，并对相关的物理学史非常熟悉。其次，教师应有创新意识和创造性思维，教师要写出新颖有创意且能激发学生兴趣、开拓学生创新思维的教案。教学大纲中虽然对近代物理知识要求较为粗浅，但教材脉络分明，大纲中特别强调了应加强学生思维、方法的教育。教师在教学设计中要有着完整、清晰的思路，要大胆突破传统教学模式，让学生在愉悦的环境下既学习了知识，又掌握了创新思维方法。如在讲原子结构时，可采取“倒述”的方法：先让学生说出自己知道的关于原子结构的知识，在这个基础上教师帮助学生整理、有顺序地罗列出来，然后追问这些看法的事实根据，认识的历史过程。这样就可以逐条归纳、分析、说明、更正、展开原子模型的介绍，学生已有知识可以少讲，增加相关的历史故事、思想方法的评述、辩证唯物主义观点的渗透。这样安排，师生互相交流，学生发挥主动性，课堂气氛可以更活跃。因此，在课堂中要讲究课堂艺术，注重多种教学方法的运用，积极开拓学生的创新思维。

**2. 创设“递进式”设问情境，激发学生的创新思维**

教学中，随时注意激发学生探讨问题的兴趣和动机，开设一个能使学生最大限度自由思考的环境，使学生经常处于兴奋状态。教师在课堂教学中能否充分调动学生的好奇心，是开启学生的创新思维是否成功的关键。教师在教学中通过创设“递进式”设问情境，可以很好地激发学生的好奇心。如在讲物质波

时，法国物理学家德布罗意由光的“波粒二象性”联想到“物质波”，由此可以让学生讨论，为什么德布罗意会提出物质波，而别的科学家没有想到，当时德布罗意仅是一个博士生而已。这样学生就会主动、积极地思考，既活跃了课堂气氛，也渗透了创新思维。

教师通过创设“递进式”设问情境，把科学家对近代物理的探索生动地再现在课堂上，让学生重温前人的探讨过程，进一步活跃学生的创新思维。比如，在讲光的“波粒二象性”时，可以让学生讨论，为什么17世纪牛顿和惠更斯都试图用一种观点来解释光的所有现象？假如你在当时的条件下，你会怎样想？这其中的原因有二：一方面是传统观念的影响；另一方面是实验条件的制约。要突破这两点，就只有创新。学生讨论时，教师应鼓励他们大胆发表自己的见解，并对学生的见解尽量给予表扬。这样通过课堂讨论，使学生积极参与教学活动，主动地掌握知识。

**3. 巧妙地引导，活跃学生的创新思维**

德国教育家第斯多惠说过，教育艺术的本质不在于传授，而在于“激励、唤醒、鼓舞”。课堂上通过教师的积极引导，让学生循着教师提出的问题，充分展开想象和深入思考，从而让学生主动积极地掌握知识。如在讲完“核力与结合能”这一节时，可引导学生思考下面的问题，根据爱因斯坦的质能方程，物质世界存在着巨大的能量，如何使物质储藏的能量释放出来？迄今为止，人类所利用的能量还只是很少的一部分，如果人类在探索中掌握了新的科学方法，以产生更多的质量亏损，也就必然获得更多可观的能量。让学生带着这一问题进入下一堂课的学习——“裂变和聚变”。有兴趣的学生也会主动去思考，在上下一堂课时，引导学生多角度地思考问题，留给学生更多的发言空间，对学生回答的合理部分应给予足够的肯定，使学生带着满足和兴奋的心情进入新课的学习。总之，巧妙地引导过程就是培养学生创新思维的过程。

**4. 跨学科相结合，丰富学生的创新思维**

现代社会需要的是复合型人才，高考也设立了综合科考查学生的综合知识能力。许多科学家既是物理学家又是数学家，如爱因斯坦、卢瑟福、玻尔等，还有对放射现象有杰出贡献的居里夫人，既是物理学家也是化学家，同时她对医学也有重要的贡献。所以，教学时应注重培养学生的跨学科能力，训练学生运用多学科知识体系进行多角度思考。如在讲完“波粒二象性”这章时，可设计这样一道题——“光的自述”，要求学生可以用各种文体形式写出人们对光的探索过程。教学时发现有许多学生充分发挥想象力写出了很好的文章，有学生采用第一人称的写法，抱怨人们对光的了解走了太多的弯路。教学中，通过这种方式既可丰富学生的想象力，也可训练学生学会写科普小论文。又如在讲“核能利用”这节时，可要求学生根据爱因斯坦的质能方程，写一篇对核能展望的小论文（要求结合环保、地理、化学知识，并紧密联系国内外形势）。这对学生来说，虽然有一定的难度，但的确丰富了他们的思维，开阔了他们的视野。学生可不完全拘泥于课本，大胆放飞想象的翅膀。

总之，近代物理知识部分是培养学生创新思维的极好素材，教师应积极实施“启发性和讨论式教学”，激发学生的创新意识，充分运用各种教学手段，让学生真实地感受近代物理知识的产生发展过程，从而培养学生的科学精神和创新思维习惯。

——本文 2008 年发表于《中学生学习报》

## 《原子的结构》教学设计

**【教材内容分析】**

本课选自高中物理粤教版选修3～5第3章第2节《原子的结构》，人类对原子结构的认识是逐步深入的，本节内容在上一节“敲开原子的大门——电子的发现”的基础上继续研究原子的内部结构模型。本节一开始介绍了汤姆孙提出的葡萄干布丁模型，接着介绍了卢瑟福 α 粒子散射实验，重点分析了实验的现象——为什么 α 粒子出现大角度的散射，从而归纳出正确的原子核式结构模型。

本节在原子内部结构发现的历史中渗透了一些物理常用的研究方法和思维

方法，如有模型方法、黑箱方法和微观粒子的碰撞方法。

教材通过讨论与交流的形式让学生参与科学家的探究过程，重视培养学生的人文情怀和科学精神。

【教学对象分析】

高中学生对现实中不常见的一些物理现象以及学校不能提供的实践操作条件的实验，形成死记硬背的习惯，也不太关注、不感兴趣。把教材的知识以“小课题”形式让学生自己动手，利用网络收集资料，对教材的局限知识进行拓展完善，使学生更全面了解原子核式结构建立的历史过程，从而明白相应知识的来龙去脉，最终掌握相应知识。在此过程中，学生不但兴趣浓厚，也能激发培养学生的探究精神和探究能力。

【教学目标】

**1. 物理观念**

（1）体会物理模型的建构思想，了解原子结构模型建立的历史过程及各种模型建立的依据。

（2）理解原子结构模型，通过 α 粒子散射实验，体会实验方法，理解原子核式结构模型的主要内容。

**2. 科学思维**

（1）通过核式结构模型的建立，体会建立模型研究物理问题的方法，理解物理模型的演化及其在物理学发展过程中的作用。

（2）了解并研究微观现象，提高学生的科学推理和论证能力。

**3. 科学探究**

（1）通过课前带着问题整理相关课题资料，形成研究成果，在课堂展示，提高学生寻找证据、形成结论、解释交流的能力。

（2）通过对 α 粒子散射实验结果的讨论与交流，培养学生在现象的分析归纳中得出结论的逻辑推理能力。

**4. 科学态度与责任**

（1）通过对原子结构模型演变的历史的学习，感受科学家们细致、敏锐的科学态度和不畏权威、尊重事实、尊重科学的科学精神。

（2）通过对原子结构的认识的不断深入，使学生认识到人类对微观世界的认识是不断扩大和加深的，领悟和感受科学研究方法的正确使用对科学发展的重要意义。

【教学重难点】

重点：通过学习核式结构的发现过程，培养科学的思维方法及自主学习的能力。

难点：α粒子散射实验。

【教学策略设计】

**1. 指导思想和设计主线**

本节课始终坚持“教师为主导，学生为主体”的原则，以“观察现象—发现问题—提出问题—解决问题—加以应用”为主线。各个环节利用不同的仪器、教具激发学生主动参与，积极思考，产生强烈的求知欲望，并发挥小组的建设作用，通过小组合作探究、讨论、质疑、补充、点评等活动解决本节课难点。

**2. 教学方法和手段**

把教材的知识点进行拆分，以小课题形式让学生提前预习并收集有关资料，以课件形式在课堂展示。

**3. 学法指导**

应用模型法、讨论法、总结归纳法等多种方法，并辅以多媒体手段，充分调动学生学习积极性，提高课堂学习效率。

【教学用具】

教师：PPT文件、α粒子散射实验动画。

学生：PPT文件、火龙果。

【教学流程图】

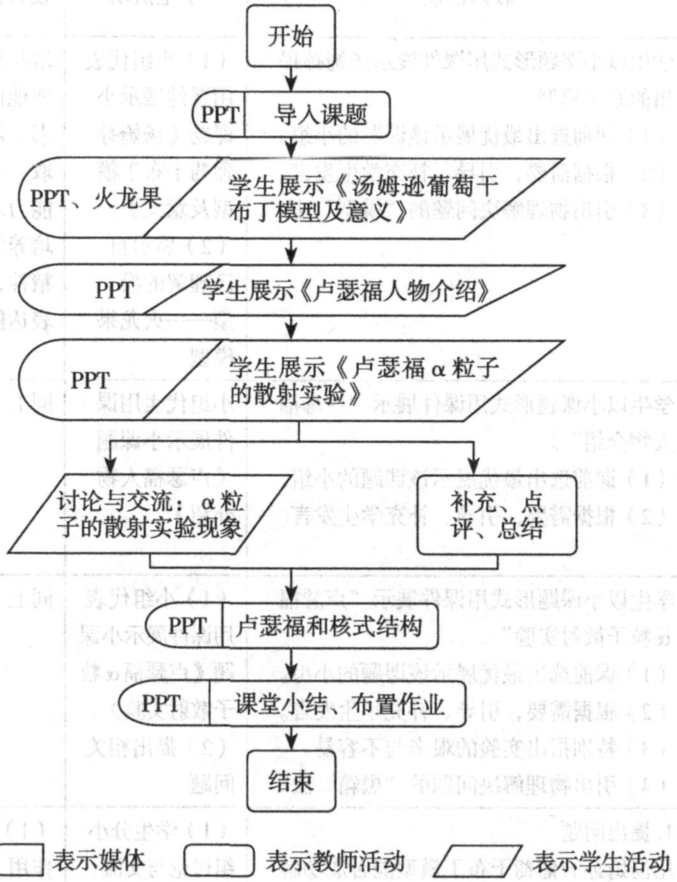


【教学过程设计】

| 教学环节 | 教师活动 | 学生活动 | 设计意图及资源准备 |
|---|---|---|---|
| 新课导入 | 师：原子内会不会还有其他粒子存在呢？说说你的理由。<br>复习上一节课要点，在此基础上提出新问题 | 学生思考 | 联系上一节，帮助学生建立整章知识结构，激发学生思考，引起学习兴趣 |

续 表

| 教学环节 | 教师活动 | 学生活动 | 设计意图及资源准备 |
| --- | --- | --- | --- |
| 汤姆孙原子模型 | 学生以小课题形式用课件展示汤姆孙提出的原子模型。<br>（1）课前选出最优展示该课题的小组。<br>（2）根据需要，引导、补充学生发言。<br>（3）引出物理解决问题的“模型”法 | （1）小组代表用课件展示小课题《汤姆孙葡萄干布丁模型及意义》。<br>（2）展示自己理解的模型——火龙果模型 | 培养不同层次的学生，使他们具备从课外书、网络等途径获取、处理知识信息的能力。<br>培养学生与人合作的精神，提高学生语言表达能力 |
| 科学鳄鱼——卢瑟福 | 学生以小课题形式用课件展示“卢瑟福人物介绍”。<br>（1）课前选出最优展示该课题的小组。<br>（2）根据需要，引导、补充学生发言 | 小组代表用课件展示小课题《卢瑟福人物介绍》 | 同上 |
| α粒子散射实验 | 学生以小课题形式用课件展示“卢瑟福α粒子散射实验”。<br>（1）课前选出最优展示该课题的小组。<br>（2）根据需要，引导、补充学生发言。<br>（3）特别指出实验的艰辛与不容易。<br>（4）引出物理解决问题的“黑箱”法 | （1）小组代表用课件展示小课题《卢瑟福α粒子散射实验》。<br>（2）提出相关问题 | 同上 |
| 讨论与交流 | 1. 提出问题<br>用汤姆孙的葡萄干布丁模型能否成功解释现象？<br>2. 引导学生从三个方面思考<br>（1）α粒子出现大角度散射有没有可能是与电子碰撞后造成的？<br>（2）按照葡萄干布丁模型，α粒子在原子附近或穿越原子内部后有没有可能发生大角度偏转？<br>（3）你认为原子中的正电荷应如何分布，才有可能造成α粒子的大角度偏转？为什么？可以用画画表现吗？<br>3. 根据需要，引导、补充学生发言 | （1）学生分小组讨论与交流。<br>（2）学生展示答案。<br>（3）学生质疑、补充。<br>（4）总结 | （1）发挥小组建设作用，学生自主高效学习，合作研讨，激情投入，体会小组建设带来的魅力，享受学习的快乐。<br>（2）增强学生自信心，培养学生语言表达、综合解决问题的能力。<br>（3）改革课堂，以学生为主题，提高课堂效率 |

续表

| 教学环节 | 教师活动 | 学生活动 | 设计意图及资源准备 |
| --- | --- | --- | --- |
| 卢瑟福原子核式结构 | （1）展示卢瑟福原子核式结构：原子的中心有一个带正电的原子核，它几乎集中了原子的全部质量，而电子则在核外空间绕核运动。<br>（2）以小结要点的形式解释原子核式结构如何成功解释α散射实验现象。<br>（3）提出原子核式结构要点：原子核很小，半径是$10^{-15}$m。<br>原子的半径是$10^{-10}$m，并举例说明大小关系 | 学生整理笔记、思路 | 在学生讨论与交流有了初步的结论后，再次通过正确核式结构模型解释α散射实验现象，力求把本节重点解决透彻，不留盲点 |
| 小结与布置作业 | 利用事先准备好的PPT将课堂小结、课后作业呈现给学生 | 回忆本节课所学内容，形成整体、系统的知识体系 | 帮助学生厘清知识框架以及重难点 |

【教学特色】

（1）发挥小组建设作用，充分利用课外预习时间，通过小组互助、监督，达到高效学习，为课堂的展示环节做好充分的准备。展示内容为课本介绍的主干内容，如果由教师直接讲，可能会有点枯燥，改为以小组为单位，把内容以小课题形式鼓励学生通过网络搜索把相关内容补充完整，并在课堂以课件形式展示，明显能调动学生的积极性，活跃课堂气氛。

（2）重视让学生参与科学家的探究过程。通过创设情境，引导学生进行一个较为完整的科学探究活动，分析实验现象，一方面引导学生利用汤姆孙模型解释，从解释不成功中明白模型的错误；另一方面从正面思考，怎样的模型符合现象的产生，最终获得与卢瑟福原子核式结构相似的结论。整个思考活动中，充满着思维的严密推敲，让学生一步一步走向答案，学生乐在其中，思维得到充分的锻炼，完全有机会成为新一代的科学家。

（3）注重对物理学思维和方法的教育。本节重点介绍了三个重要的物理方法：模型方法、黑箱方法和微观粒子的碰撞方法，使学生在了解人类探索原子结构的历史的同时，体会物理学的研究方法和思维方法。

（4）解决课堂知识难点的设计思路，同样也是考虑充分发挥小组的作用。以小组为单位，让学生讨论后展示讨论结果，再由其他小组质疑、补充、点评、总结，教师全程做好补充、协调作用。整节课程充分体现以学生为主体，是人人有事做，处处有思考的高效课堂。

# 例谈高中物理核心概念的构建

## ——以“向心力”教学为例谈概念模型教学

物理概念具有高度的抽象性，它超脱了具体的现象而抽象说明了事物的本质属性和内在联系。从认识论的角度看，关于“构建”，就是指把已经存在的凌乱的、无序的东西有规律地组建起来。

不少教师在讲解概念时觉得向学生厘清构建过程，太浪费时间了，倒不如多节省点时间给学生做练习，有的教师甚至让学生直接去读熟这些概念。结果学生遇到稍灵活一点的新的情境问题时就无从下手、一窍不通。其实，人对知识的获取不是被动地接受的，而是由认知主体主动建构的。教师应是学生学习建构的帮助者、引导者和协作者。

在概念教学过程中，我们应让学生经历物理概念的构建过程，真正理解概念的内涵，激发学生的学习兴趣，提升学生的学科素养。本文以“向心力”教学为例，谈谈物理核心概念构建的基本模式。

### 一、以丰富生动的情境铺垫概念的前奏，帮助学生形成学习动机

为了激发学生的学习兴趣，帮助学生形成学习动机，可以从日常生活出发构建物理情境，培养学生把生活与物理联系在一起的习惯，渗透物理来源于生活的理念。特别是若能借助逼真的创新的演示实验，更能产生悬念，激发学生的好奇心和探究欲望。

例如，在《向心力》这一节中以“情境设疑”引入新课。设疑：

（1）演示“水流星”实验（图1）。教师手持开口水杯并设问，能否做到

让水杯口朝下而水不流出呢？教师演示“水流星”实验并提问：为什么水不流出来？（学生肯定很好奇）

（2）观看微视频“2015年双人花样滑冰世锦赛”我国选手片段（图2），提问：女运动员为什么不沿直线飞出去而是沿着一个“圆”做运动？（优美的背景音乐、漂亮的舞姿，给学生以美的感受）

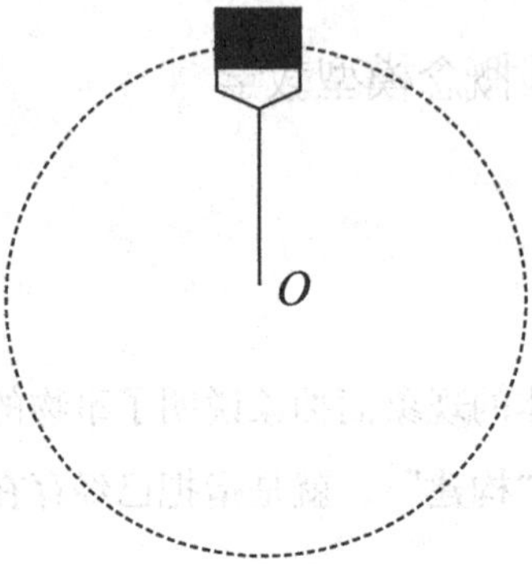

图1 “水流星”实验

图2 2015年双人花样滑冰世锦赛

问：物体为什么做圆周运动？物体做圆周运动的条件是什么？从生活中这些看似凌乱无序的圆周运动现象入手，激发学生的学习动机，从而导入新课。

## 二、以“体验感悟、主动参与”的方式来引出核心概念

知识的获取不仅是通过教师传授得到的，更是学习者在一定的情境（社会生活背景）下，借助他人（包括教师和学习伙伴）的帮助，利用必要的学习资料，通过意义建构的方式而获得的。真正的学习是根据已有的经验背景，对外部信息进行主动的选择、加工和处理，对新信息重新认识和编码，从而建构自己的理解。

在《向心力》这一节教学中，在完成了“情境设疑”导入新课后，可采用“体验感悟、主动参与”的方式来进一步激活学生的思维，引出“向心力”的概念。

思考1：要使小球在光滑的水平桌面上做匀速圆周运动（图3），可以怎么做？引导学生利用实验桌上已有器材，设计简易的小实验，提高学生的课堂参与度，进一步激发学生的学习兴趣。（引导学生自己动手让小球在水平面或竖

直面内做圆周运动）

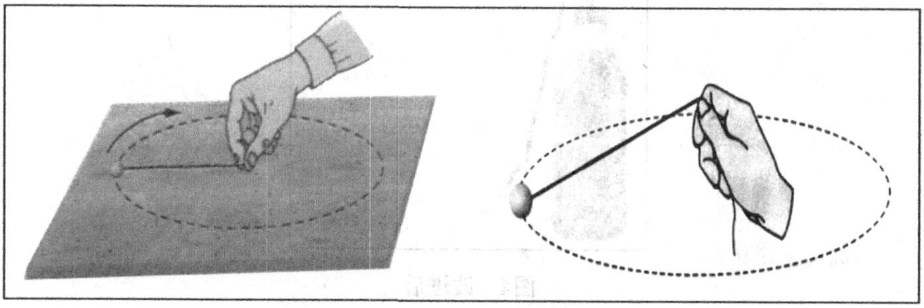

图3　小球在桌面上做匀速圆周运动

思考2：前面两个实例中小球受到哪些力？是什么力使小球做匀速圆周运动？这个力有什么特点？

学生通过实验观察、感悟，构建起“匀速圆周运动受力指向圆心”这一重要认知，为更深入地开展思维和探究活动提供了基础与动力，从而引出向心力的概念，重点说明其方向和效果。

## 三、以“同化和顺应”的方式强化构建过程

同化和顺应是学习者认知结构发展变化的两种途径或方式。同化是指学习者把外在的信息纳入已有的认知结构，以丰富和加强已有的思维倾向和行为模式。顺应是指学习者已有的认知结构与新的外在信息产生冲突，引发原有认知结构的调整或变化，从而建立新的认知结构。

同化—顺应—同化—顺应，循环往复；平衡—不平衡—平衡—不平衡，相互交替，人的认知水平的发展就是这样的一个过程。利用“同化和顺应”两种方式来设置问题引导学生思考，激发学生学习的持久动力。在这一环节，通过改进教材中（以粤教版为例）的向心力演示仪，采用“魔术调包”的方法来制造矛盾冲突，进一步激发学生去探究向心力的大小与什么有关。

思考：改进后的向心力演示仪（图4），如何用1个乒乓球提起1个盛有水的矿泉水瓶？

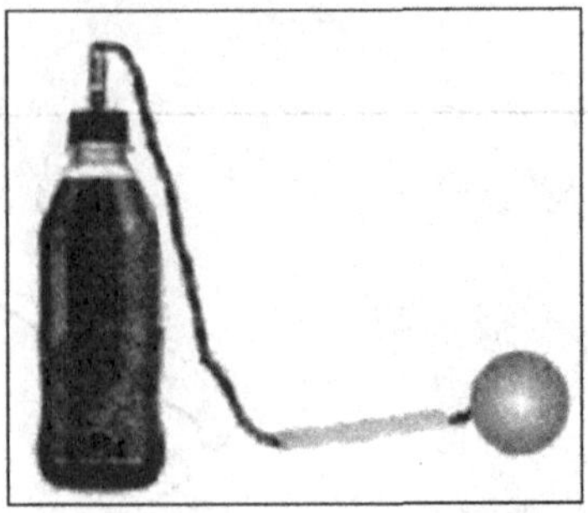

图4 改进后

让学生亲自动手体验空心的乒乓球做圆周运动（绳子的拉力提供向心力），能否拉起盛有水的矿泉水瓶。在学生通过种种努力都无济于事的情况下，教师采用“魔术调包”的方法轻易地将盛有水的矿泉水瓶提起。在学生的惊叹中，教师解密。教师演示的做圆周运动的乒乓球是注入了沙子的（质量大），通过“学生体验”与“教师演示”的方式来引发认知冲突。

让学生比较以下三种情况的异同，得出向心力与什么因素有关。

（1）保持转动半径$r$、角速度$\omega$不变，将重球换成轻球，小球质量$m$变小，发现矿泉水瓶提不起来。（魔术揭秘）

（2）保持小球质量$m$、角速度$\omega$不变，增大转动半径$r$，发现矿泉水瓶能提起来。

（3）保持小球质量$m$、转动半径$r$不变，增大转动的角速度$\omega$，发现矿泉水瓶向上加速。

本实验改进的器材来源于生活，实验简单，操作方便，现象明显，趣味性极强。教师通过制造矛盾引发认知冲突，引导学生透过现象发现问题的本质。学生通过亲身感受，触摸概念的内涵。

## 四、以“实验探究、自主合作”的方式来提炼概念内涵

学生要成为有意义的主动建构者，还应学会运用探索法、发现法去建构知识，去主动收集并分析有关的信息和资料，对所学习的问题要提出各种假设并努力加以验证。采用动手、动脑等多种方法深入去探究概念的内涵，主动提升自己的学科素养。

在引出了向心力与什么因素有关的基础上，进一步提出到底有怎样的关系，如何验证的问题在这一环节，考虑到学生已经学习了控制变量法，可将教材内容做创新处理。在第三个环节的基础上，再采用分组实验的方式，利用“向心力演示器”探究向心力的表达式：

（1）教师展示“向心力演示器”，运用“微课”介绍其结构和使用方法，帮助学生掌握仪器的使用。

（2）学生参与实验，主动收集数据，亲自体验获取物理知识的过程。

（3）小组讨论、验证假设。学生通过协作交流，对各种假设加以验证，在教师的引导下得出向心力大小表达式。

教师最后通过投影展示学生的实验成果，让学生体会探究的乐趣，分享成功的喜悦。在小组探究中培养学生的学科素养。

## 五、通过“联系与思考”的方式来拓展概念的外延

学习过程不是简单的信息输入、存储和提取，是新旧知识经验之间双向的相互作用过程，是学习者与学习环境之间互动的过程。“联系”与“思考”是有效构建概念的关键。要深刻理解概念，还应要求学生把当前所学习的内容（或所反映的事物）尽量和自己已经知道的知识（或事物）相联系，并对这种联系加以认真的思考。教学中，把“联系与思考”的自主过程与“协作学习”中的交流过程结合起来，则学生建构概念的效率会更高，质量会更好。在建立了概念以后，要求学生运用概念及相关规律分析生活问题（或继续后续规律的学习），进一步理解概念的外延。

在学生对“向心力”的概念的建构过程基本熟悉的基础上，再回到课堂的“起点”，让学生回答“水流星”和“双人花样滑冰”的问题。学生通过“联系、思考”这些看似凌乱无序的圆周运动现象，通过“自主分析与讨论交流”的方式不难得出：前者是水的重力提供向心力，后者是男运动员对女运动员拉力的水平分力提供向心力。

物理概念模型是在总结了一类物理现象、物理问题的共性后，针对这一类物理现象、物理问题而提出的。学生通过以上五个环节的学习，从认识生活中的圆周运动现象开始，经历真正意义上的学习过程，将看似无序的现象进行有

规律的构建和提炼，抽象出圆周运动的本质属性和内在联系——“向心力”这一概念，为后续学习向心加速度、天体运动等圆周运动知识做好铺垫，从而达到有效构建物理概念的效果。

## 参考文献

[1] 陈新美.如何帮助学生掌握物理概念和灵活应用物理规律[J].读·写·算，2012（65）.

[2] 高维忠.物理概念建立和物理规律教学[J].新课程（教研版），2011（19）.

——本文2016年7月发表于《中学物理》

# 《向心力》教学设计

**【指导思想与理论依据】**

“向心力”一节是高中物理粤教版必修2第2章第2节的内容，它是第2章圆周运动的重点。本节课的重点是如何帮助学生构建向心力的概念以及探究向心力的大小，难点是运用向心力知识解释有关现象，处理有关问题。为此，笔者将该部分内容分为两个课时，第一课时着力于向心力概念的建构和探究向心力的大小，第二课时着力于运用向心力解释有关现象，处理有关问题。现将第一课时的教学设计思路、教学目标、教学流程、教学过程等内容与各位同人做一交流与探讨。

**【教学思路】**

建构主义学习理论认为，学习不是由教师把知识简单地传递给学生，而是由学生自己建构知识的过程。新课程理念下的物理教学，注重物理与科技、社会和日常生活的联系，强调让学生经历科学探究的过程，并能够将物理理论应用于生活实际之中。

基于高一学生的实际和向心力相关的学习任务，本节课采用“引导探究式”和“问题驱动式”学习方式，通过不断创设问题情境，推动学生积极体验、主动思维、相互交流。其主要程序是：第一，通过教师演示实验和多媒体直观感觉提出问题，引发学生认知冲突。第二，通过亲身体验，让学生在直观感知中对向心力形成基本认识，进而构建向心力的科学概念。第三，通过自制“向心力演示仪”，让学生在“玩”中感知向心力及影响其大小的因素。第四，教师介绍实验仪器，通过微课让学生掌握向心力演示器的使用，让学生分组实验、讨论、总结结论。第五，回到课前提出的问题，解疑“水流星”和“双人花样滑冰”，以巩固向心力的知识。

**【教学目标】**

**1. 物理观念——力**

（1）知道什么是向心力，理解它是一种效果力。

（2）知道向心力的大小与哪些因素有关，理解向心力公式的确切含义。

**2. 科学思维和科学探究**

（1）通过实验，体验和感受做匀速圆周运动的物体需要向心力。

（2）通过自制“向心力演示仪”，体会向心力的大小与哪些因素有关。

（3）通过向心力演示器的实验，体会控制变量法在解决问题中的作用。

**3. 科学态度与责任**

（1）通过亲身探究活动，感受成功的快乐，体会实验意义，增加学习物理的兴趣。

（2）体会科学本质，在实验中养成严谨、细致、耐心的研究习惯。

**【教学重难点】**

重点：理解向心力的概念和公式的建立。

难点：向心力大小规律的得出，向心力方向的理解。

**【教学方法】**

问题导入、小组合作探究。

【教学资源】

向心力演示器（多台）、尼龙线（若干）、金属小球（若干）、盛水的透明小桶（1个）、带边缘的金属圆盘（1个）、乒乓球（2个）、饮料瓶（2个）、空圆珠笔笔管（2根）、多媒体、投影仪、课件。

【教学流程图】

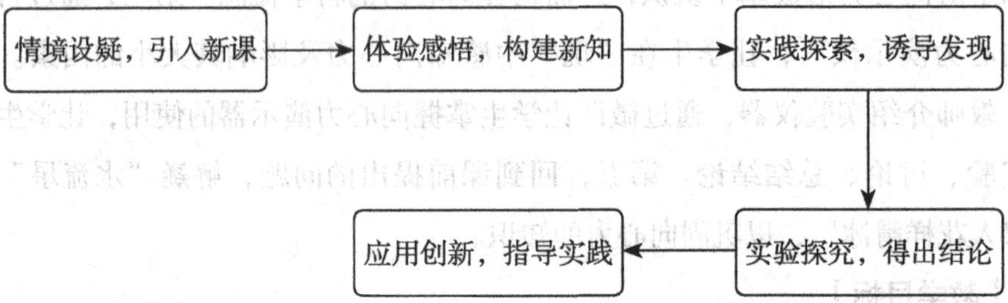


【教学过程】

| 教学环节和教学内容 | 教师活动 | 学生活动 | 设计意图 |
| --- | --- | --- | --- |
| 情境设疑，引入新课设疑：演示“水流星”实验。<br>视频：双人花样滑冰。<br>问题：物体做圆周运动的条件是什么？这节课我们就一起来探究这个问题 | （1）教师手持开口水杯并设问，能否做到让水杯口朝下而水不流出呢？教师演示“水流星”实验，提问：为什么水不流出来？<br>（2）教师播放一段“双人花样滑冰”片段，提问：女运动员为什么不沿直线飞出去而是沿着一个圆周运动？ | 观察实验现象，对现象和老师提出的问题进行思考，产生悬念 | 从日常生活情境中构建物理情境，以培养学生把生活与物理联系在一起的习惯，特别是演示实验的现象，使学生产生悬念，激发其好奇心和探究欲望 |

续表

| 教学环节和教学内容 | 教师活动 | 学生活动 | 设计意图 |
| --- | --- | --- | --- |
| 体验感悟，构建新知<br>思考1：要使小球在光滑的水平桌面上做匀速圆周运动，可以怎么做？<br>思考2：前面两个实例中小球受到哪些力？是什么力使小球做匀速圆周运动？这个力有什么特点？<br>引出向心力的概念：做匀速圆周运动的物体，必须受到一个指向圆心的合外力，这个力就叫作向心力。<br>方向：时刻指向圆心，与速度方向垂直。<br>效果：改变速度的方向，不改变速度的大小 | 引导学生利用身边的器材，设计简易的小实验，到各小组观看学生实验，并进行适当的指导。<br>提问：小球做匀速圆周运动受到哪些力的作用？合外力是哪个？这个力起到什么作用？<br>强调：向心力只是合外力，并不是真正受到的力 | 学生分小组进行小球做匀速圆周运动的简易实验，然后小组交流，展示自己的实验成果。<br>学生归纳结论，回答老师的提问。<br>引导学生回答物体做匀速圆周运动的条件 | 利用身边的物体设计小实验，可激发学生的学习兴趣，也提高了学生的课堂参与度。<br>通过实验，让学生观察、感悟，构建起“匀速圆周运动受力指向圆心”这一重要认知，为更深入地开展思维和探究活动提供基础和动力 |
| 实践探索，诱导发现<br>思考1：如何用1个乒乓球提起1个盛有水的矿泉水瓶？<br>思考2：向心力的大小与哪些因素有关？<br>结论：向心力的大小$F$与物质的质量$m$、转动的角速度$\omega$、转动半径$r$有关 | 教师展示自制“向心力演示仪”，引导学生让小球在水平面内做圆周运动，则能将矿泉水瓶成功提起。<br>（1）保持小球质量$m$、角速度$\omega$不变，增大转动半径$r$，发现矿泉水瓶能提起来。<br>（2）保持小球质量$m$、转动半径$r$不变，增大转动的角速度$\omega$，发现矿泉水瓶向上加速。<br>（3）保持转动半径$r$、角速度$\omega$不变，将重球换成轻球，小球质量$m$变小，发现矿泉水瓶提不起来。<br>提问：向心力的大小与哪些因素有关 | 学生思考、回答。<br>引导学生观察实验现象，让学生亲身体验，发现矛盾，产生困惑，进而在探索中完善认知。<br>讨论分析，得出结论 | 利用问题引导学生思考，激发学生的好奇心。<br>器材来源于生活，实验简单，操作方便，现象明显，趣味性强。学生通过亲身感受获得成功的乐趣，进一步把握问题的实质 |

续 表

| 教学环节和教学内容 | 教师活动 | 学生活动 | 设计意图 |
|---|---|---|---|
| 实验探究，得出结论<br>教师介绍实验仪器，播放微课，让学生知道怎样使用器材探究。<br>引导学生进行实验探究，观察现象，记录数据，归纳结论。<br>投影实验数据。得出实验结论：向心力大小 $F=m\omega^2r$，或$F=m\frac{v^2}{r}$ | 教师展示向心力演示器，介绍其结构，通过视频让学生掌握仪器是如何工作的。<br>到学生小组中去，观察学生实验，给予适当的指导，将学生数据通过投影仪显示出来，并得出结论 | 观察、思考、分析。<br>选择实验仪器进行实验。<br>小组交流感受，进行分析、讨论、总结结论 | 让学生自己参与实验，亲自体验获取物理知识的过程，提高了学生的动手能力，激发了学生的学习兴趣。<br>让学生亲自感受到实验探究问题的过程，培养学生养成严谨、细致、耐心的实验素养。<br>学生通过投影看到自己的实验成果，体验到了成功的乐趣 |
| 应用创新，指导实践<br>通过解疑“水流星”和“双人花样滑冰”，让学生理解、应用、巩固向心力的知识 | 解疑“水流星”和“双人花样滑冰” | 学生讨论交流得出，前者是水的重力提供向心力，后者是男运动员对女运动员拉力的水平分力提供向心力 | 巩固所学知识，构建物理模型，解决实际问题 |

【教学反思】

本节课力图突出“引导探究式”和“问题驱动式”学习方式，以实验探究为主线，以问题和小组交流贯穿课堂的始终。教师大胆用生活中的例子和学生切身相关的事物，精心创设问题、实验等情境，借助小组合作学习，实现学生的自主性、合作性和探究性。在实验探究中，鼓励学生提问题、找毛病、做评价，课堂中不断生成知识，学生在质疑、讨论、解疑中，提高实验设计、预测结果、分析现象、推理判断、评价表达的能力。

纵观整个教学过程，笔者觉得本节课的成功之处在以下几个方面。首先，教师注重问题引导，让学生在已有经验的基础上构建知识，教学过程符合学生的认知规律。在上课过程中，笔者每提出一个问题，都会给学生以引导、讲解并给学生留出一定的思考时间，体现了学生的主体作用。其次，学习过程注重创设物理情境、充分挖掘生活物品进行实验，使学生感到科学就在身边，视频、微课、投影仪等仪器的使用更让学生对科学产生亲近感。绳拉小球转动、乒乓球提矿泉水瓶、向心力演示器都让学生感到极大的兴趣。最后，注重师生交流、生生互动。在课堂中，学生实验探究活动多，探究时间长，充分实现了学生的主动学习、合作学习和探究学习。

不足之处：向心力的概念的建立是一个重点，如果能给每个小组提供一组自制“向心力演示仪”，让学生亲身感受向心力，效果会更好。向心力演示器结构不直观，学生分组实验只能半定量地探究向心力$F$与物体的质量$m$、转动的角速度$\omega$和转动半径$r$的关系，实验结论不能让学生完全信服。部分实验小组得不到向心力演示器变速塔轮的角速度之比，在今后的教学中应于实验前对学生进行简单的辅导。

**附：**

**探究影响向心力大小的因素**

| 条件 | 变量之比 | 向心力之比 | 结论 | |
|---|---|---|---|---|
| $m$、$\omega$相同 | $r1:r2$ | $F1:F2$ | | |
| | | | | |
| | | | | |
| $m$、$r$相同 | $\omega1:\omega2$ | $F1:F2$ | | |
| | | | | |
| | | | | |
| $r$、$\omega$相同 | $m1:m2$ | $F1:F2$ | | |

# 《离心现象及其应用》教学设计

【指导思想与理论依据】

本课主要运用探究式和启发式的教学方法进行设计，以“双主”即“以学生为主体、教师为主导”的理念展开教学。教学中充分发挥学生学习的自主性和主动性，而不能由教师的讲解代替学生的思考，教师通过引导让学生自己通过观察和实验得出结论，并通过师生、生生之间的交流让学生对离心现象及其应用和防止的认识更深刻。

另外，本节课内容属于应用类的知识，因此，在教学中要充分结合生活中各种具体生动的实例进行教学，增强学生的感性认识，并最大限度地将课堂知识与日常生活密切联系起来，真正体现知识服务于生活，从而激发学生学习物理的兴趣。

【教学背景】

离心现象及其应用是在学习了圆周运动及向心力的基础上，进一步探究、体会圆周运动的受力与运动关系。前面一节是物体受到的力足够提供给物体做圆周运动的向心力，而使物体做圆周运动。这一节是探究、体会给物体提供指向圆心的力不足或消失时，物体的运动情况将会如何变化。

本课的教学对象是东源中学高一（4）班的学生，本班学生普遍基础较弱，对抽象的理论学习比较吃力，但好奇心和求知欲较强，喜欢通过具体生动的实例获取新知，喜欢动手操作，同时也需要一定的独立思考空间。在本课中，学生就是在掌握圆周运动和向心力的知识后对物体失去向心力或向心力不足时的运动情况进行进一步探究，从而认识和掌握离心现象在生产和生活中的应用。

【教学目标】

**1. 物理观念——离心现象的本质**

（1）知道什么是离心现象，知道物体做离心运动的条件。

（2）结合生活中的实例，知道离心运动的应用和危害及其防止。

**2. 科学思维和科学探究**

（1）通过观察实验，让学生体会在什么条件下物体做离心运动。

（2）让学生讨论交流如何利用离心现象为生产和生活服务及如何防止离心运动的发生。

**3. 科学态度与责任**

通过观察分析产生离心现象的原因，从而掌握科学规律，利用自然规律为人类服务，同时也能防止不利因素影响我们的生活。

【教学重难点】

重点：离心现象的发生是因为提供给物体做圆周运动的向心力不足或消失。通过观察实验，让学生体会和总结物体做离心运动的条件。

难点：离心运动不是物体有远离圆心的力，而是因为向心力不足或消失，物体由于惯性而产生的离心现象。通过具体实例运用已学过的知识分析离心运动的实质原因，从而突破难点。

【教学策略选择与设计】

主要采用探究式、启发式进行教学。本节是利用圆周运动的知识分析生活和生产实践中的一类重要现象——离心现象。教学中首先要通过实验观察，让学生认识离心现象及其产生条件，然后再引导学生认识离心现象的应用及其危害的防止，这样充分发挥学生的自主性和主动性，更有利于知识的理解和应用。

【教学环境及资源准备】

教学环境：多媒体教室。

教学资源：用细绳拴着的小塑料球、离心分离器、PPT教学演示课件、Flash动画、视频。

**【教学流程图】**

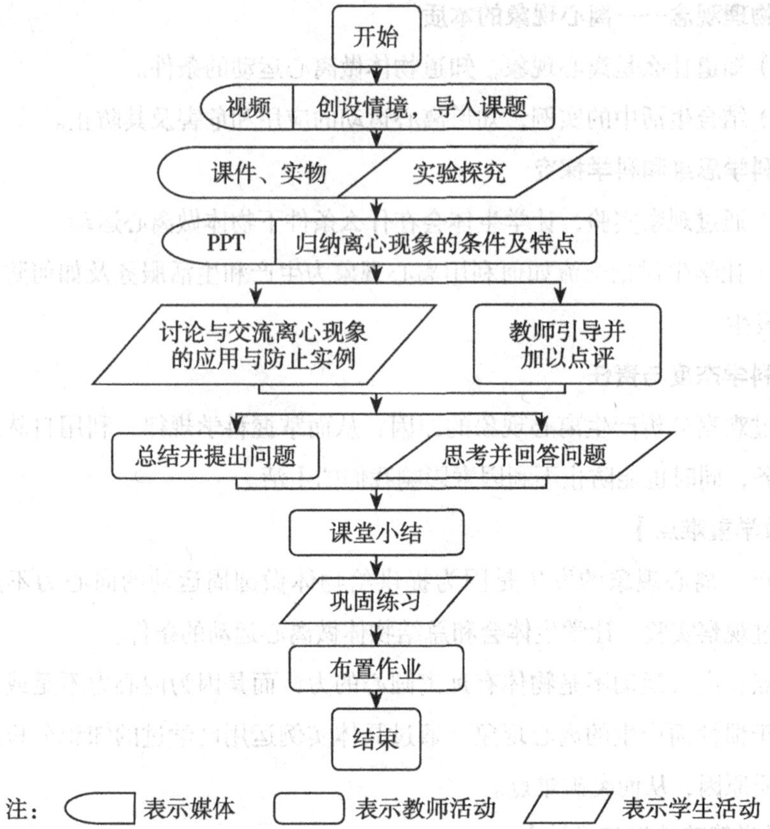


**【教学过程】**

| 教学环节 | 教师活动 | 学生活动 | 设计意图及资源准备 |
| --- | --- | --- | --- |
| 情境导入（3分钟） | 播放视频：<br>（1）汽车挑战在竖直平面做圆周运动。<br>（2）转盘上的人做离心运动。<br>师：我们知道做圆周运动的物体之所以能够维持在圆周轨道上运动，是由于向心力的作用，一旦向心力不足或突然消失，它还能沿原来的轨道继续做圆周运动吗？如果不能又将如何运动呢？你能否做一个理论上的预测 | 生：根据牛顿第一定律，物体将远离圆周，如果向心力消失，物体将保持原有速度沿切线飞出去 | 通过播放两段有趣的视频，创设情境，激发学生学习兴趣，并充分运用已学过的知识引入新课题 |

续 表

| 教学环节 | 教师活动 | 学生活动 | 设计意图及资源准备 |
| --- | --- | --- | --- |
| 实验与探究（7分钟） | 师：下面我们通过两个实验来验证我们的猜想，并请你运用已学过的知识加以解释。<br>（1）课件演示转台上乒乓球做远离圆心运动实例。<br>（2）组织学生做实物演示：用细绳拴着一个小球，使之在竖直平面内做圆周运动，然后突然松手。<br>师：实验中的两个物体都做远离圆心的运动，是物体受到了远离圆心的外力的原因吗？请说说你的体会 | 学生观看动画演示，分析说明实验现象，如，乒乓球随圆盘转动的向心力是摩擦力，刚开始转速小，所需向心力小，所受摩擦力足以提供向心力，但一旦转速增大，据公式可知所需的向心力增大，而摩擦力不能随之增大，因而向心力不足，乒乓球就开始远离圆心了，并没有受到远离圆心的外力。<br>学生实物演示，进一步探究向心力突然消失时，物体将如何运动 | 准备好实物及课件，让学生通过观察和实验，进一步探究向心力不足或突然消失，物体将如何运动，并运用已学过的知识自己加以解释 |
| 知识归纳（10分钟） | 师：做圆周运动的物体，在所受合外力突然消失或不足以提供圆周运动所需的向心力的情况下，就会做逐渐远离圆心的运动，这种现象称为离心现象。那么，发生离心现象的条件是什么？<br>（PPT展示）<br>1.定义<br>做圆周运动的物体，在所受合外力突然消失或不足以提供圆周运动所需的向心力的情况下，就会做逐渐远离圆心的运动，这种现象称为离心现象。<br>2.条件<br>（1）向心力突然消失。<br>（2）合外力不足以提供做圆周运动所需的向心力。 | 总结与归纳离心现象的定义及条件 | PPT教学演示课件，归纳本课的知识要点 |

续 表

| 教学环节 | 教师活动 | 学生活动 | 设计意图及资源准备 |
|---|---|---|---|
| 知识归纳<br>（10分钟） | 对离心运动的进一步理解：<br>当$F=m\omega^2r$时，物体做匀速圆周运动。<br>当$F=0$时，物体沿切线方向飞出。<br>当$F<m\omega^2r$时，物体逐渐远离圆心。<br>当$F>m\omega^2r$时，物体逐渐靠近圆心。<br>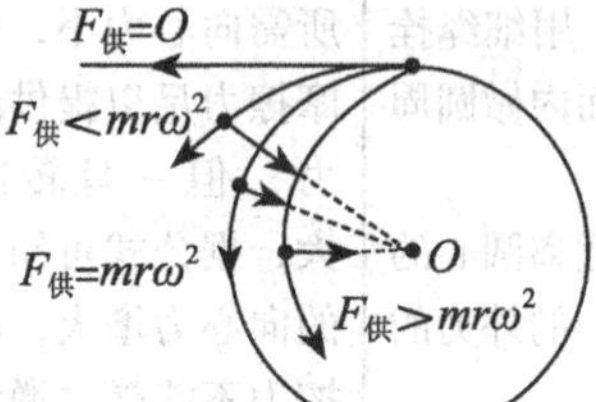<br>3. 说明<br>（1）离心现象的本质是物体惯性的表现。<br>（2）做圆周运动的质点，当合外力消失时，它就以这一时刻的线速度沿切线方向飞去；当合外力不足以提供向心力时，做半径越来越大的远离圆心的曲线运动。<br>（3）做离心运动的质点不存在所谓的“离心力”作用，因为没有任何物体提供这种力 | | |
| 讨论与交流<br>（15分钟） | 1. 离心现象的应用<br>师：同学们对离心现象的受力与运动有了进一步的认识。离心现象有什么好处？生活中有哪些应用了离心现象的例子？请相互交流一下。<br>对学生的回答进行点评并总结，提出问题：<br>要使原来做圆周运动的物体做离心运动，该怎么办？<br>2. 离心现象的防止<br>师：离心有时也是有害的，比如？<br>提问：要防止离心现象发生或造成伤害，该采取什么措施 | 1. 离心现象的应用<br>生1：雨天通过旋转雨伞来甩干雨伞的水滴，雨伞作用到水滴的最大附着力满足不了水滴所需的向心力时，水滴就会做远离圆心运动而被甩出去。<br>生2：田径比赛中的链球项目通过预摆和旋转来完成，高速旋转时突然松手，链球就沿切线方向飞向远处 | 结合PPT教学演示课件、Flash动画、离心分离器等资源帮学生对离心现象获得进一步认识 |

续 表

| 教学环节 | 教师活动 | 学生活动 | 设计意图及资源准备 |
|---|---|---|---|
| 讨论与交流（15分钟） | | 生3：离心机械：如离心干燥器、洗衣机的脱水筒……<br>生4：化学实验室中，用离心分离器把混浊液体里的固体微粒快速沉淀。（结合离心分离器进行实验操作，对化学反应物进行快速沉淀）<br>生5：离心泵。<br>生6：体温计。<br>……<br>思考：<br>生1：提高运动速度，使所需向心力大于能提供的向心力。<br>生2：减小合外力或使其消失。<br>2.离心现象的防止<br>生1：汽车转弯。<br>生2：高速转动的砂轮、飞轮。<br>思考：<br>生：限速、限质量、增大向心力、加防护罩……<br>不站在与圆周运动物体处于同一平面内的位置 | |
| 小结与巩固练习（5分钟） | 对本节课的知识进行小结并布置作业 | 回忆本节课所学知识，并做好课堂的巩固练习 | 利用PPT教学演示课件出示练习题，巩固新知 |

## 板书设计

离心现象：

1. 定义：做圆周运动的物体，在所受合外力突然消失或不足以提供圆周运动所需的向心力的情况下，就会做逐渐远离圆心的运动，这种现象称为离心现象。

2. 条件：$F=0$，或$F<mr\omega^2$。

3. 应用：投掷链球、离心干燥器、离心分离器、离心水泵等。

方法：①增大速度；②减小合外力或使其消失。

4. 防止：①汽车转弯；②砂轮、飞轮的限速，加防护罩。

方法：①减小速度；②增大合外力。

【学习评价设计】

本节内容最大的特点是突出观察与实验，并重视离心现象与日常生活的联系。知识点不多，属于应用类的知识。本节课设计以学生观察实验与探究为主，故学习评价主要是在讨论与交流环节进行的，教师对学生在讨论中发表的看法要及时给予评价，并做出一定的鼓励，目的是鼓励学生积极思考并大胆发表看法。在课时的最后，通过几道简单的习题来巩固新知，获取教学反馈。

【课后教学反思】

本节课的设计较符合新课标的要求，即突出学生的主动性和自主性，注重实验探究与学习活动设计。总结本次课的成功之处有以下几个方面：

（1）课堂导入新颖。通过两个简短视频将做圆周运动的物体与可能发生离心或近心运动的情况联系起来，使学生直观地认识到物体做圆周运动的原因及条件，从而导入新课，即一旦条件消失物体将会如何运动，视频有效地激发了学生的学习兴趣。

（2）突出了观察与实验。通过简单器材设计的实验，有效地激发出贯穿本节课的两个问题，即发生离心运动的两个条件，这两个问题的分析和解决便构成了整节课的逻辑主线，从而得以有效实施学习。

（3）体现了师生、生生之间的互动与交流。通过讨论与交流的环节，使学生积极动脑思考，将课堂知识与日常生活联系起来，深化理解，并大胆发表自己的见解，有效锻炼了学生的表达能力，体现了学生的自主性。

（4）教学内容安排较为合理。充分开发和整合了教学资源，信息形式多样化，从而使教学内容变得生动有趣。

（5）充分恰当地使用了各种教学媒体，将现代化教学设备与传统媒体结合起来，发挥了各自的最大优势。

另外，笔者认为本节课没有达到预期效果的地方有如下几处：

（1）细节问题没有处理好，如演示操作离心分离器时，可让学生来操作体验，对实验结果应让学生先进行分析，教师再来总结会更好。

（2）整节课给学生的参与时间和空间还不够，没有最大限度地发挥学生的集体智慧，不注重激发学生发表自己见解的欲望，学习气氛没有被调动起来。

（3）对离心现象的应用与防止，学生的讨论与交流不够充分，学生显得较为拘谨，这要求教师做好引导并营造好课堂气氛。

（4）教学环节间的过渡性语言没有发挥好，会对教学流畅性产生一定影响，也会影响师生之间的配合度。

综上所述，本节课成功的地方今后将继续发扬，对于不足之处，今后要吸取教训，虚心学习，让自己的教学技能更加成熟。

## 《安培力的应用》教学设计

**【指导思想与理论依据】**

本课主要运用新课标理念，“以学生为主体、教师为主导”的方式展开教学。教学中充分发挥学生学习的自主性和主动性，设置新的情境，重构和重演物理过程，突出学生的学。让学生在教师的引导下，通过观察思考、小组讨论、动手实验的方式得出结论，并通过师生、生生之间的交流让学生对直流电动机和磁电式电表的原理的认识更加深刻。

**【教学背景】**

在前面几节课中，学生已经学习了磁场和通电导体在磁场中受到安培力的知识，能够利用安培定则判断通电导体周围的磁感线方向，能够利用左手定则判断安培力的方向并计算安培力大小。此外，学生在初中已经学习过一定的电动机知识，对电动机的结构和转动过程有了一定的认识。这节课主要来探讨安培力的应用。

本课的教学对象是高二年级学生，这一阶段的学生好奇心和求知欲较强，喜欢通过具体生动的实例，采用实物、图片、视频、动画的形式获取新知，喜欢动手操作，同时也需要一定的独立思考空间。

【教学目标】

**1. 物理观念——安培力的应用**

能利用所学安培力知识解释电磁炮、电动机、电表指针的运动。

**2. 科学思维和科学探究**

（1）通过实验与探究，了解直流电动机的原理。

（2）通过观察与思考，了解磁电式电表的原理。

（3）通过探究直流电动机工作原理的过程，认识物理实验在提高直流电动机性能中的作用。

**3. 科学态度与责任**

（1）通过观看美国成功发射电磁炮的视频，激励学生努力学习科学文化知识，提高民族责任感。

（2）了解电动机的构造及原理，体会科学理论催化技术发明的巨大作用，体验科学家探索自然规律的艰辛。

【教学重难点】

重点：直流电动机的原理。

难点：磁电式电表的原理。

【教学策略选择与设计】

主要采用探究式、启发式进行教学，突出科学思维和科学探究。通过设计观察与思考、讨论与交流、动手实践几个活动，让学生自主探究直流电动机和磁电式电表的原理，这样充分发挥学生的自主性和主动性，更有利于知识的理解和应用。

【教学环境及资源准备】

教学环境：多媒体教室。

资源：电动机模型1台（配备学生电源及插座）、14个小型电动机和28节干电池、PPT教学演示课件、Flash动画、视频。

【教学流程图】

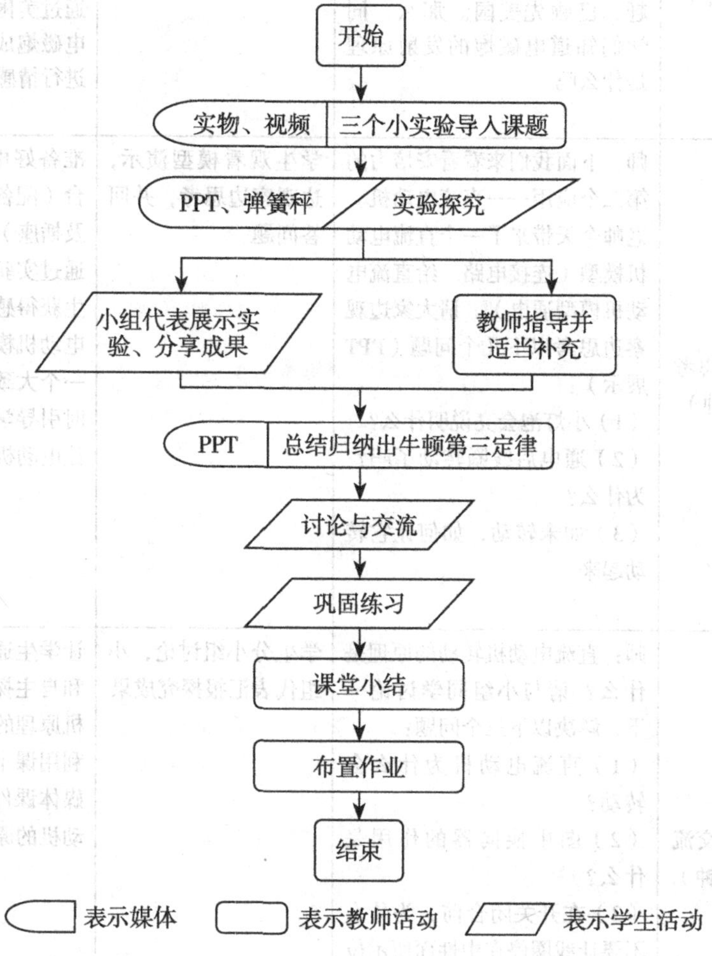

**【教学过程】**

| 教学环节 | 教师活动 | 学生活动 | 设计意图及资源准备 |
|---|---|---|---|
| 情境导入（3分钟） | 播放视频：2010年美国试射电磁炮。<br>师：电磁炮的发射瞬间让人震撼，炮弹以5倍于音速的速度飞行。我国经过快速追赶，已领先美国。那么，同学们知道电磁炮的发射原理是什么吗 | 生：运用安培力的知识 | 通过播放美国发射电磁炮的视频导入，创设情境，激发学生学习兴趣，并充分运用已学过的知识引入新课题。<br>通过美国和中国研制电磁炮成果的比较，进行情感教育 |
| 观察与思考（5分钟） | 师：下面我们来看看安培力的第二个应用——直流电动机。老师今天带来了一个直流电动机模型（连接电路、给直流电动机模型通电）。请大家边观察边思考以下几个问题（PPT展示）：<br>（1）小灯泡会亮说明什么？<br>（2）通电后线圈转动了吗？为什么？<br>（3）如未转动，如何让它转动起来 | 学生观看模型演示，边观察边思考，并回答问题 | 准备好电动机模型1台（配备了学生电源及插座）。<br>通过实验演示，让学生获得感性体验并对电动机模型的结构有一个大致的认识，同时引导学生思考如何让电动机启动 |
| 讨论与交流（10分钟） | 师：直流电动机转动的原理是什么？请与小组同学讨论一下，解决以下三个问题：<br>（1）直流电动机为什么会转动？<br>（2）图中换向器的作用是什么？<br>（3）在开关闭合前，为什么不要让线圈停在中性面所示位置上？<br>教师总结 | 学生分小组讨论，小组代表汇报探究成果 | 让学生通过合作交流和自主探究完成电动机原理的学习。<br>利用课本的插图和多媒体课件展示直流电动机的原理 |

续表

| 教学环节 | 教师活动 | 学生活动 | 设计意图及资源准备 |
| --- | --- | --- | --- |
| 动动手（6分钟） | 除了电动机模型外，教师还带来了一些小型电动机，给学生提供2节干电池，想办法让它转动起来，并思考回答以下几个问题：<br>（1）观察小电动机的转动过程，体验一下电动机是否会发热？<br>（2）电动机是一种什么能转化为什么能的装置？是否百分百地实现这两种能量的转换？<br>（3）改变电动机转速的方法有哪些 | 生1：直流电动机是将电能转化为机械能的装置。工作时会有发热现象，是电流的热效应，所以电动机不能把电能全部转化为动能，还有一部分转化为了线圈的内能。<br>生2：可以通过增大电流$I$（输入电压$U$）、磁感应强度$B$、线圈面积和匝数来改变电动机转速 | 通过简单的操作，让学生感受电动机的转动效果，并思考改变电动机转速的方法有哪些 |
| 磁电式电表（10分钟） | 演示课件，介绍磁电式电表的原理。<br>引导：<br>（1）蹄形磁铁和铁芯间的磁场分布有何特点？这样分布的目的是什么？<br>（2）线圈为什么不会像电动机一样持续不断地转下去 | 学生观察与思考 | 利用多媒体课件，形象生动地演示线圈的转动过程 |
| 小结和练习（6分钟） | 教师小结本节内容 | 巩固练习 | 以一道有关电磁炮的习题结束课堂，首尾呼应。<br>检查学生的知识运用能力 |

**【学习评价设计】**

本节内容最大的特点是突出实验和探究，着力培养学生的科学探究能力和科学思维能力。通过创设电磁炮发射的情境，激发学生的学习兴趣，培养学生的责任与担当意识。教学过程体现“理蕴人文　以情诱思”的教学思想，通过一个个实验情境和问题串情境，激发、活跃学生的思维，提升学生的思维品质。在课时的最后，通过一道有关电磁炮的习题和一篇电磁炮的调查报告来考查学生的知识运用能力和综合素养。

# 在核心规律的构建中培养学生的核心素养①

## ——以《探究自由落体运动》为例

学生核心素养的养成是建立在核心知识的掌握与核心能力的形成过程中的。从物理课程的视角看，匀加速直线运动模型渗透着物理学科的物质观和运动观，渗透着建模的思想，匀加速直线运动模型的研究过程，体现着理想化方法、推理论证等科学思维方法。这些物理观念与科学思维恰恰是物理学科的核心素养，也是匀加速直线运动模型的教育价值所在。

高中物理必修1的《探究自由落体运动》是一节培养学生学科核心素养的极好素材，对比人教版和粤教版可以发现，人教版重在研究，在学习匀变速运动后进行研究；而粤教版重在探究，从探究自由落体运动到探究匀变速直线运动。不管哪种教材，都用了较大的篇幅来突出学习过程，教材的主线基本是一样的。生活中的落体运动→自由落体运动→匀变速运动，从整体来讲，整个过程就是一个物理建模过程，本文以《探究自由落体运动》为例，谈谈在核心规律的构建中如何培养学生的核心素养。

### 一、回归原始问题，激发学生的学习兴趣

亚里士多德从生活现象出发，认为物体下落的快慢是由轻重决定的。他得出这一结论，是来源于生活中部分情境的抽象。亚里士多德的落体运动观点产

① 本文是广东省中小学新一轮“百千万人才培养工程”专项科研项目2016年度课题“高中生物理学科核心素养培养的策略及评价研究”（项目编号：BQW16MJS075）成果之一。

生于日常生活的观察结果，符合人们的经验，以至于在其后两千年的时间里，大家都把它当作经典。在讲授这节课时，笔者在家长微信群里也做了一个讨论，很多家长的观点与亚里士多德的观点一致，如图1所示。这说明我们的教学没有很好地改变人们对生活的看法，仍需要很大的突破，要努力落实好学生的核心素养，着力培养学生的关键能力和终身学习能力。

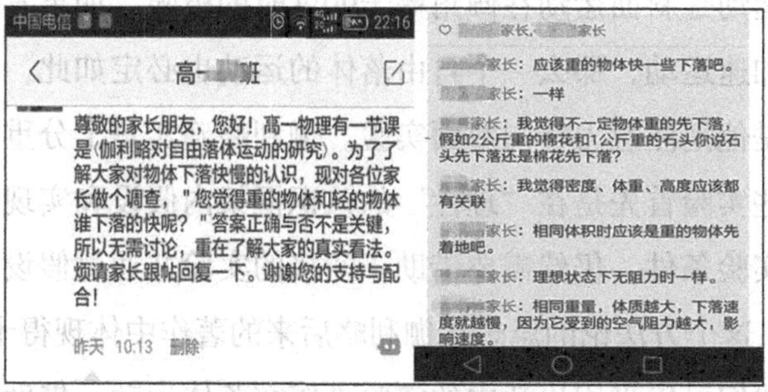


图1 微信截图

事实上，亚里士多德的观察只是一种日常经验范围内的感性行为，仅停留在从感性经验的表面进行了逻辑推理，缺乏对现象的全面观察，更缺乏有目的的实验验证。伽利略从生活现象出发进行了抽象推理，从而引出自由落体运动的概念。

回顾伽利略的探究过程，不难发现探究自由落体运动是科学建模的过程。伽利略对落体运动的研究，其伟大之处在于问题提得恰当，即匀速直线运动无须解释，而偏离匀速直线运动需要解释。将研究的思路指向怎样描述非匀速直线运动和寻找非匀速运动发生的原因。这预示着加速度概念的产生，换句话说，有必要用物理量来描述任何同匀速直线运动的偏离。加速度概念的非直观特性决定了它的形成在物理学史上并非易事。想到"用位移随时间的变化率表示速度"不难理解，而想到"用速度随时间的变化率表示加速度"是要经过一番推理的。伽利略通过逻辑推理（尽管推理存在一定的逻辑缺陷，其中包含了一定程度的直觉），终究认识到速度随时间变化的快慢可以用加速度去描述。

教学中适度回归原始问题，不仅可以"追源设境"开阔教学思路，更重要的是通过寻找问题的根源，激发学生的学习兴趣，培养学生的核心能力。

## 二、重构物理过程，培养学生的科学探究能力

伽利略首先认为亚里士多德只依据物质本身的“重”和“轻”对自由下落运动的原因进行解释是有明显缺陷的。基于日常生活的观察，经过分析，伽利略确信，一个沿光滑斜面滚下的球是“冲淡了的”或“减缓了的”自由落体的运动，落体运动是斜面运动在倾角等于90度时的极限。如果发现光滑斜面上滚下的球是匀加速运动，那么一个自由落体的运动也必定如此，尽管加速度的数值不同。于是他把注意力转向斜面实验。伽利略确实是十分重视实验的作用的，但是，这些实验首先是在“理性”的认识框架内假设和实现的。一旦不具备直接测量的实验条件，仍然需要借助于间接的实验并通过假设的“理性”推理来得出结论，这个方法论的思想在伽利略后来的著作中体现得十分明显。

教学中，我们可以采用生活中的实验来探究落体运动，借助逻辑推理突出培养学生的实验探究能力和科学思维能力。比如，利用下面简单的实验质疑亚里士多德观点：物体越重，不一定下落得越快。

**实验验证：**

实验1：将大小不同的圆形纸片同时自由下落，让学生观察下落的快慢。

观察结果，大小不同的纸片下落快慢不一样。

实验2：将实验1中的圆形纸片揉成纸团，重复上述实验。

观察结果，得出重力不等的物体下落的快慢几乎相同。

实验3：让学生从同一张纸上剪出两个同样大小的圆形纸片，把其中一个揉成纸团，让纸片和纸团从离桌面等高处同时下落。

观察结果，重力相等的纸团和纸片没有同时落在桌面上，纸团比纸片落得快。

分析以上三个实验，发现有时重力相等的物体下落快慢不同，有时重力不等的物体下落快慢却相同，有时轻的物体比重的物体下落得更快，即物体下落的快慢与重力无关，从而抽象出自由落体运动概念。

## 三、还原物理背景，突出培养学生的科学思维能力

伽利略在没有微积分数学工具的情况下，形成了加速度和瞬时速度的概念，对中学物理教学有一定的启发意义。从平均速度到瞬时速度的概念转化，

渗透着微分的思想。由各时刻瞬时速度计算位移的大小渗透着积分的思想。如何将该模型蕴含的微积分思想渗透在教学中是值得研究的。

例如，引导学生思考：为什么伽利略通过斜面实验去研究自由落体运动是合理的？为什么会自由落体？为什么不同的物体会有统一的加速度？自由落体运动作为匀加速运动的一个特例，反映出物体在仅受重力的条件下运动性质的统一性。而导致这种运动性质的重力的本质是什么？这个问题已经被证明是物理学的全部历史中最深奥的问题之一，它是爱因斯坦建立其著名的广义相对论的起点。从这个意义上讲，匀加速直线运动模型也为现代物理的学习打开了一个窗口。

伽利略在1638年写的《两种新科学的对话》一书中，采用对话形式论述了这一问题，他以萨尔维阿蒂的身份出现，而以辛普利邱代表亚里士多德的观点，书中有这样一段对话：

萨尔维阿蒂：如果把两个自然速率不同的物体连在一起，那么落得快的物体会被落得慢的物体拖着而减速，落得慢的物体会被落得快的物体拖着而加速。你同意吗？

辛普利邱：没有疑问，你说得对。

萨尔维阿蒂：但是，如果这是对的，那么我们取一块大石头，例如它的下落速率为8，而取一块小石头，它的下落速率为4，将它们拴在一起，整个系统的下落速率应该小于8，但是两块石头拴在一起要比那块速率是8的石头大。因此，重物体比轻物体的运动速率要小，这个结论刚好和你的推测相反。这样，你就看到了从你的重物体较轻物体下落得快的假设，我怎样推出了重物体下落得更慢的结论。

辛普利邱：我完全被搞糊涂了……说实在的，这完全超出我的理解力……

这段对话，以亚里士多德的观点为基础，伽利略通过巧妙的假设和推理，得出了重物体比轻物体下落得更慢的结论。可见，挖掘匀加速直线运动模型的教育价值，可以渗透批判性思维品质的培养。

探究自由落体运动也是一个科学建模的过程，本节内容特别适合培养学生物理学科的核心素养。对物理模型的建立过程及应用的教学，能很好地培养学生对较复杂问题进行抽象分析，区分主要因素和次要因素，抓住问题的本质特征，正确运用科学抽象思维的方法去处理物理问题的能力，有助于学生去掌握科学的物理学研究方法，从而有效地培养学生的物理学科核心素养。

## 参考文献

[1] 林钦，陈峰.关于核心素养导向的中学物理教学的思考［J］.课程·教材·教法，2015（12）.

[2] 陈红.从“伽利略自由落体规律”谈培养学生科学素养［J］.时代教育（教育教学），2011（1）.

——本文2017年5月发表于《湖南中学物理》

# 《探究自由落体运动》教学设计

**【指导思想与理论依据】**

《普通高中物理课程标准》（2017年版）提出要注重培养学生的物理学科核心素养，本课紧紧围绕学生物理观念、科学思维、科学探究、科学态度与责任四个方面的核心素养进行教学环节的设计，以期让物理学科素养落到实处。

**【教学背景】**

本节主要内容是探究自由落体运动，是本章的重点内容，同时也是后面学习匀变速直线运动的基础。从亚里士多德和伽利略观点的冲突，经过逻辑推理、实验探究，得出物体下落过程中的运动情况与物体的质量无关，引出自由落体运动的概念。再通过用打点计时器记录自由落体运动轨迹，初步得到运动信息，为下节课分析研究自由落体运动的规律做好准备。

本课的教学对象是东源中学高一重点班的学生，有相对较好的学习基础，他们有强烈的好奇心和自主动手操作的欲望。在此之前他们已经学习了时间、位移、速度、加速度等概念，学习了位移和时间图像，认识和会使用打点计时器记录物体的运动信息，具备一定的知识基础。但由于刚步入高中，还没有到实验室上过实验课，缺乏一定的实验设计和实验操作的能力，属于初步接触高中实验的阶段。

【教学目标】

**1. 物理观念——运动观**

认识自由落体运动，知道影响物体下落快慢的因素，理解自由落体运动是在理想条件下的运动。

**2. 科学思维和科学探究**

（1）能用打点计时器或其他实验仪器得到相关运动轨迹并能自主进行分析。

（2）通过演示实验与相关动画视频培养观察能力和逻辑推理能力。

（3）通过史实渗透提高科学思维和科学态度的核心素养，了解研究自然规律的科学方法，培养探求知识的能力。

（4）通过对落体运动的实验探究，初步学习使用控制变量法。

**3. 科学态度与责任**

（1）调动学生积极参与讨论的兴趣，培养逻辑思维能力及表达能力。

（2）通过实验培养学生的合作精神。

（3）通过史实培养学生学会质疑的科学素养。

【教学重难点】

重点：探究自由落体运动的过程及自由落体运动的概念。

难点：物体下落快慢与物体质量无关。

【教学策略选择与设计】

本课主要运用探究式和启发式的教学策略进行设计，以“双主”即“以学生为主体、教师为主导”的理念展开教学。教学中充分发挥学生学习的自主性和主动性，而不能由教师的讲解代替学生的思考，教师通过引导让学生通过观察和实验，通过师生、生生之间的交流让学生得出物体下落快慢与质量无关而与空气阻力有关的结论，加深对自由落体运动概念的认识。

【教学环境及资源准备】

教学环境：多媒体教室。

资源：直尺、金属片、若干相同尺寸纸片、重锤、小钩码若干、电火花打点计时器、铁架台、2条纸带、铁夹、牛顿管、抽气机、PPT（含图片、动画、视频）、坐标纸等。

【教学过程】

| 教学环节 | 教师活动 | 学生活动 | 设计意图及资源准备 |
|---|---|---|---|
| 情境导入（3分钟） | 情境一：小游戏——用直尺下落测试比较谁的反应更敏捷。<br>情境二：动画和图片——蹦极，直升机投放物品，露珠、树叶、苹果的下落等。<br>师：我们生活中常常见到的是重的物体下落得快还是轻的物体下落得快？物体下落快慢与什么因素有关 | 生：积极参与课堂小游戏，比较谁的反应更快。<br>认真观察，思考 | 通过一个小游戏和播放相关动画、图片导入，创设情境，调动课堂气氛，激发学生学习兴趣 |
| 名人对话（4分钟） | 引出名人论点，播放PPT<br>1. 亚里士多德及其观点<br>（1）人物简介：古希腊学者，世界古代史上最伟大的哲学家、科学家和教育家之一，被称为“百科全书式的学者”。<br>（2）观点：物体下落快慢由它们的重量决定，即物体越重下落越快。<br>2. 伽利略及其观点<br>（1）人物简介：意大利伟大的天文学家、物理学家、力学家和哲学家，也是近代实验物理学的开拓者。<br>（2）反驳亚里士多德的观点<br>逻辑推理：假设亚里士多德观点正确（重的物体下落得快）。<br>结论1：如果把大石头和小石头捆在一起，独自下落慢的小石头就会拖慢独自下落快的大石头，最终其整体下落速度比大石头慢。<br>结论2：如果把大石头和小石头捆在一起，其所受的重力一定比其中任一石块大，其整体下落速度比任一石块快。<br>结论与假设出现了矛盾。<br>实验：比萨斜塔实验<br>传说中著名的比萨斜塔实验证明物体下落快慢与轻重无关 | 欣赏、聆听、思考、推理 | 通过史实的展现——名人对话，培养学生学会质疑的科学素养，并体验逻辑推理结合实验验证的科学研究方法 |

**续 表**

| 教学环节 | 教师活动 | 学生活动 | 设计意图及资源准备 |
| --- | --- | --- | --- |
| 实验探究1（5分钟） | 师：物体下落快慢与轻重到底有无关联，我们试试重走伽利略的研究过程，做个探究实验。<br>拿出准备好的器材：金属片1张、相同尺寸纸片若干、重锤1个、小钩码1个。<br>做以下对比实验：<br>（1）金属片和相同大小纸片从同一高度下落。<br>（2）纸片和相同大小纸片揉成的纸团从同一高度下落。<br>（3）纸片和撕去一半的纸片揉成的纸团从同一高度下落。<br>（4）重锤和较轻的钩码从同一高度下落。<br>师：从以上四个对比实验，我们可以得出什么结论 | 跃跃欲试，观察、记录实验结果：<br>（1）金属片快，纸片慢；说明重的物体下落快。<br>（2）纸团快，纸片慢；说明重量相同的物体下落不一样快。<br>（3）纸团快；说明轻的物体下落快。<br>（4）一样快；说明轻重不同的物体下落一样快。<br>思考并得出结论：物体下落的快慢与质量无关 | 准备好实物及课件，让学生通过观察和实验，进一步探究物体下落的快慢与质量是否有关，并归纳出实验结论。<br>同时让学生体验控制变量法的使用 |
| 观察与思考（10分钟） | 师：理论推导和实验证实都说明物体下落快慢与轻重无关。<br>但为什么现实生活中的的确确看到果实比树叶下落得快？<br>1. 牛顿管实验<br>实物演示，先让学生观察事先抽成真空的牛顿管中羽毛和金属片下落的情况。打开进气阀，让学生倾听气流进去的声音，再让它们同时下落，观察下落情况。<br>师：从观察到的实验结果分析，影响羽毛和金属片下落快慢的原因是什么？<br>2. 阿波罗登月实验<br>1971年，阿波罗飞船登上无大气的月球后，宇航员特地做了使羽毛和重锤从同一高度同时释放的实验，无数观众从荧屏上看到，它们并排下落，同时落到月球表面 | 视觉冲击，思考、观察、归纳回答：<br>结论1：影响物体下落快慢的因素是空气阻力。<br>结论2：忽略空气阻力，重量不同的物体下落快慢是相同的 | 通过演示牛顿管实验和播放阿波罗飞船宇航员登月实验视频，得到空气阻力是影响物体下落快慢的原因 |

续 表

| 教学环节 | 教师活动 | 学生活动 | 设计意图及资源准备 |
| --- | --- | --- | --- |
| 概念引入（10分钟） | 引出自由落体运动概念。<br>1. 定义<br>物体仅在重力作用下从静止开始下落的运动。<br>2. 条件<br>（1）只受重力。<br>（2）从静止开始。<br>师：在我们地球的大气层里要下落的物体仅受重力的作用是很难办到的，而且空气阻力是不能被消除的，我们只能尽量减到最低，那我们怎么得到自由落体运动呢？在物理研究里面，我们常常采用一种叫作理想化的手法，即当空气阻力不太大，与重力相比较可以忽略时，实际的落体运动可以近似地当作自由落体运动。如直尺静止下落。<br>随后展示3道课堂练习题，考查学生对自由落体运动概念的理解 | 总结归纳自由落体运动的条件。<br>体会理想化模型，做课堂练习题 | 结合PPT教学演示课件总结归纳，并提出了除质点外的第二个理想化模型。<br>PPT展示习题，及时巩固新知 |
| 实验探究2（5分钟） | 师：自由落体运动的运动性质是什么？如何设计方案记录自由落体运动的轨迹？<br>实验：用打点计时器记录重锤做自由落体运动的信息。<br>让学生课后思考（课前提供学案）：<br>（1）速度变化了没有？如何算？速度与时间是何关系？尝试绘制$v-t$图像（上交实验报告）。<br>（2）加速度如何算？加速度与时间是何关系？<br>（3）位移与时间是何关系？如何利用直尺下落小游戏测出人的反应时间？<br>（4）影响实验精确程度的因素有哪些 | 学生分组利用打点计时器做自由落体运动实验。<br>挑选保存纸带。<br>课后分析处理数据 | 提供打点计时器、铁架台、重锤等相关实验装置，以小组为单位做实验。<br>提供绘图用坐标纸、学案（实验报告），让学生课后完成 |

续 表

| 教学环节 | 教师活动 | 学生活动 | 设计意图及资源准备 |
|---|---|---|---|
| 课堂小结（3分钟） | 课堂小结：<br>（1）前人对落体运动的思考：亚里士多德vs伽利略。<br>（2）人类对大自然的认识是逐步深入的，亚里士多德的研究是人类认识大自然的一个过程，今天我们应以客观、辩证的观点来看待历史事件。亚里士多德也是个面对真理敢于质疑权威的人。<br>（3）伽利略的研究方法：对现象的一般观察—猜想与假设—逻辑推理—实验验证—结论的修正推广，不断被后人继承和发扬。<br>（4）自由落体运动的定义及条件 | 回忆本节课所学知识，学会用客观、辩证的观点看待历史事件 | 渗透学生科学思维、科学态度和责任等学科素养 |

## 板书设计

### 探究自由落体运动

1. 定义：物体仅在重力作用下从静止开始下落的运动。

2. 条件：

（1）只受重力（$f<G$）。

（2）从静止开始（$v_0=0$）。

# 《作用力与反作用力》教学设计

【教材内容】

牛顿第三定律是牛顿运动定律整体的一个基本组成部分，反映物体间相互作用的规律，指明了力来源于物体间的相互作用。教材要求学生通过实验探究，认识作用力与反作用力的关系，总结出牛顿第三定律，并能用它解决生活中的有关问题。教材体现了以学生为本，通过创设情境、亲身体验或科学探究掌握概念规律，最后将所学内容与实际生活联系起来，达到学以致用的目的。

【教学对象】

教师对一些物理现象和规律的直接给出和简单重复，会导致学生养成死记硬背的习惯，他们一般比较排斥、不感兴趣。让学生自己通过小实验感知作用力和反作用力的存在，并动手设计验证“作用力与反作用力关系”的实验，能激发学习兴趣，从而感到物理规律并不是枯燥乏味的。学生在初中已初步学习了作用力与反作用力的关系，但对牛顿第三定律更深层的规律还未涉及。针对这一点，教学中采取实验探究的方法，既可以调动学生的积极性，简化难懂的问题，还可以培养学生的科学探究的能力和解决实际问题的能力。

【教学目标】

**1. 物理观念——力**

（1）知道力的作用是相互的，理解作用力和反作用力的概念。

（2）理解掌握牛顿第三定律，并能用它解决生活中的有关问题。

（3）能区分“一对平衡力”和“一对作用力与反作用力”。

**2. 科学思维和科学探究**

（1）通过观察、动手实验，培养学生独立思考的能力和实验能力。

（2）通过用牛顿第三定律分析物理现象，培养分析解决实际问题的能力。

**3. 科学态度与责任**

（1）结合有关作用力与反作用力的生活实例，培养学生注重观察、独立思考、实事求是、勇于创新的科学态度和意识，感受物理学科研究的方法和意义。

（2）激发探索的兴趣，养成一种科学探究的意识。

**【教学重难点】**

重点：

（1）理解掌握牛顿第三定律，并能应用它解决实际问题。

（2）理解并能区分平衡力和作用力与反作用力。

难点：区分平衡力和作用力与反作用力。

**【教学策略设计】**

**1. 指导思想和设计主线**

本节课始终坚持“以学生为主体、教师为主导”的原则，以“寻找现象—发现问题—提出问题—解决问题—加以应用”为主线，各环节利用不同器材激发学生主动参与、积极思考，产生强烈的求知欲望，并通过探究性活动和有效设问引导解决本节课的重难点。

**2. 教学方法和手段**

应用实验法（演示实验、师生互动实验、学生分组实验）、讨论法、总结归纳法等多种方法，并辅以多媒体手段，充分调动学生学习的积极性，提高课堂学习效率，培养独立思考、自主探究、团结协作的能力。

**3. 学法指导**

以合作学习和探究性学习为主，培养学生的创新精神和实践能力。

**【教学用具】**

教师：PPT文件，大弹簧测力计1对，遥控玩具车、纸板各1个，圆形玻璃管若干。

学生：小弹簧测力计1对。

【教学流程图】

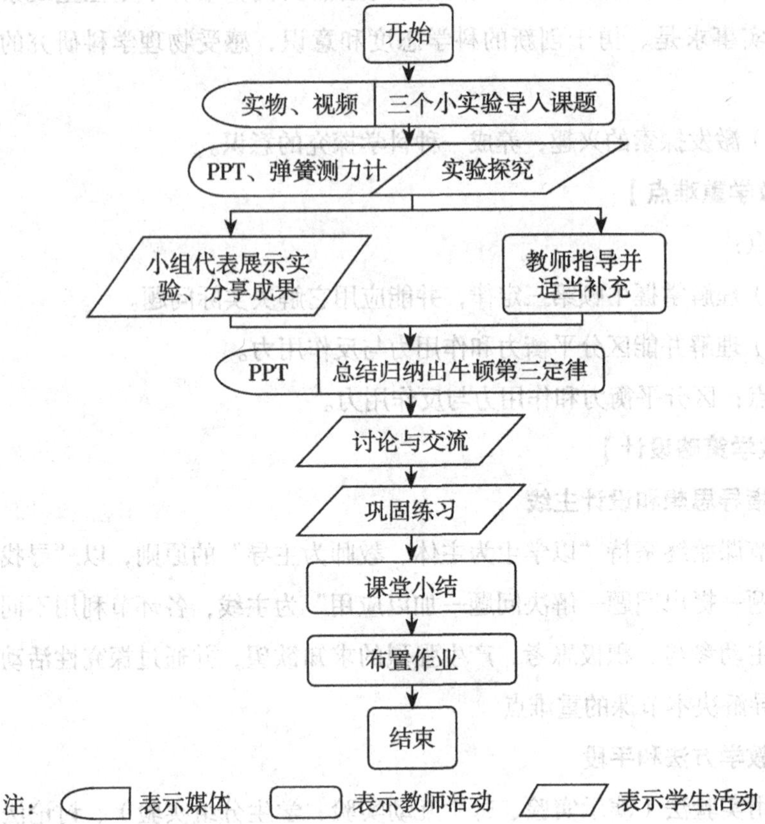


【教学过程】

| 教学环节 | 教师活动 | 学生活动 | 设计意图及资源准备 |
|---|---|---|---|
| 新课导入（4分钟） | （1）小实验：让学生做鼓掌的动作和用手指按笔尖，感受力的作用。<br>（2）提出问题：鼓掌的时候双手为什么会痛？用手指按笔尖为什么手指会疼？<br>（3）演示实验：遥控小车在垫有圆玻璃管的纸板上向前运动，结果纸板会向后运动。<br>（4）引出作用力和反作用力的概念 | （1）鼓掌。<br>（2）用手指按笔尖。<br>生1：双手间有力的作用。<br>生2：手指受到笔尖的作用力。<br>认真观察，思考现象产生的原因 | 通过小实验，让学生亲身感受力的作用，获得感性体验。<br>学会观察和养成动脑思考的习惯 |

续 表

| 教学环节 | 教师活动 | 学生活动 | 设计意图及资源准备 |
|---|---|---|---|
| 生活中的作用力与反作用力（4分钟） | 师：试列举生活中作用力与反作用力的实例，证明力的作用是相互的，且是成对出现的。<br>（1）提问：引导学生寻找生活中的作用力与反作用力的现象。<br>（2）播放视频：<br>① 冰面上互推、被推游戏。<br>② 船靠岸，人从船上跳上岸。<br>（3）设疑：作用力与反作用力到底有什么关系 | 生1：踢球时脚对球有作用力，球对脚有反作用力。<br>生2：溜冰时，往墙上一推，人会往后退……<br>生3：走路时脚和地面间有摩擦力。<br>生4：同名磁极相互排斥，有相互作用力……<br>观看、思考 | 让学生寻找生活中作用力与反作用力的实例，认识到物体间的相互作用力是成对出现的。<br>提供形象直观的视频资源，再次感受物体间力的作用是相互的 |
| 实验探究（12分钟） | （1）让学生带着以下问题，自主设计实验进行探究。<br>①是否先有作用力后有反作用力？<br>②这两个力的受力物体是否相同？<br>③这两个力的方向是否相同？<br>④这两个力的大小是否相等？是否同时变化？<br>⑤这两个力的性质是否相同？<br>（2）引导学生总结归纳出实验结论 | 进行分组实验（3人一组），探究作用力与反作用力的关系。<br>得出结论：作用力与反作用力分别作用在两个物体上，大小相等、方向相反，同时产生、同时变化、同时消失，是同种性质的力 | 自主探究，提高动手操作和总结归纳的能力。<br>每组提供小弹簧测力计1对 |
| 牛顿第三定律（6分钟） | 1.引出牛顿第三定律<br>（1）内容：两个物体间的作用力与反作用力总是大小相等、方向相反，作用在同一直线上。<br>（2）数学表达式：$F=-F'$。<br>（3）（板书）理解：<br>① 分别作用在两个不同物体上。<br>② 同时产生、同时变化、同时消失。<br>③ 是同种性质的力。<br>2. 练习<br>关于作用力和反作用力，下列说法正确的是（　　）。<br>A. 先有作用力，后有反作用力<br>B. 作用力与反作用力有时是不同性质的力 | 教师板书时，学生齐声朗读牛顿第三定律的内容 | 利用PPT将牛顿第三定律呈现给学生，同时板书，加深印象，并及时巩固练习 |

**续 表**

<table>
<tr><th>教学环节</th><th>教师活动</th><th>学生活动</th><th>设计意图及资源准备</th></tr>
<tr><td>牛顿第三定律（6分钟）</td><td>C. 作用力和反作用力一定是同时产生、同时消失的<br>D. 因为作用力和反作用力大小相等，方向相反，所以它们的合力为零</td><td>练习，巩固牛顿第三定律</td><td></td></tr>
<tr><td>讨论与交流（6分钟）</td><td>问题：一本书静置在水平桌面上。先分析书的受力情况，并指出哪两个力是平衡力，再分析书与桌面的作用力与反作用力。能找出平衡力和作用力与反作用力间的异同吗？<br>（1）提问学生，分析受力（学生回答，教师板书）。<br>（2）总结平衡力和作用力与反作用力的异同</td><td>（1）对书、书与桌面进行受力分析。<br>（2）完成表格：<table><tr><td rowspan="2">相同点</td><td>平衡力</td><td></td><td></td></tr><tr><td>作用力与反作用力</td><td></td><td></td></tr><tr><td rowspan="4">不同点</td><td>作用对象</td><td></td><td></td></tr><tr><td>力的性质</td><td></td><td></td></tr><tr><td>力的变化</td><td></td><td></td></tr><tr><td>作用效果</td><td></td><td></td></tr></table></td><td>师生一起分析比较，归纳出平衡力和作用力与反作用力的相同点和不同点</td></tr>
<tr><td>巩固练习（6分钟）</td><td>利用PPT展示课堂练习题，并引导学生利用牛顿第三定律进行分析：<br>（1）鸡蛋碰石头，鸡蛋破而石头不破。有的学生认为鸡蛋对石头的作用力小，而石头对鸡蛋的作用力大。对不对？为什么<br>（2）马拉车之所以能将车拉动，有人说是因为马拉车的力比车拉马的力要大，也有人说是因为马拉车的力比车受到地面的摩擦力要大。他们的说法对吗？为什么</td><td>同桌间讨论，应用牛顿第三定律思考、分析具体物理问题</td><td>及时巩固新知，提高利用物理规律解决实际问题的能力</td></tr>
<tr><td>小结与布置作业（2分钟）</td><td>利用事先准备好的PPT将课堂小结、课后作业呈现给学生</td><td>回忆本节课所学内容，形成整体、系统的知识体系</td><td>利用PPT出示课堂小结，并布置作业</td></tr>
</table>

## 板书设计

一、物体间力的作用是相互的——这对力称为作用力与反作用力

二、牛顿第三定律

1. 内容：两物体间的作用力与反作用力总是大小相等、方向相反，作用在同一直线上。

2. 表达式：$F=-F'$。

3. 说明：

（1）分别作用在两个不同物体上。

（2）同时产生、同时变化、同时消失。

（3）是同种性质的力。

三、平衡力和作用力与反作用力的异同

# 《研究闭合电路》教学设计1

**【教学背景】**

学生在初中已学习过部分电路欧姆定律，了解了串联、并联电路的特点，能在教师指导下设计完成实验，测量电源两端的电压。高二的学生已初步具备了实验能力、形象思维、类比思维能力。他们的好奇心和求知欲较强，喜欢通过具体生动的实例，采用实物、图片、视频、动画、实验等形式获取新知；喜欢动手操作，通过设计实验可以充分地培养学生多角度研究问题的思路以及多元化的思想。

**【指导思想与理论依据】**

本节课通过实验探究和理论推导两种方法推出了闭合电路欧姆定律的表达式，使理论与实验达到了完美的结合。教学中特意设计了一个水果电池实验和“滑梯模型”动图展示来调动学生的学习积极性，使学生更加深刻地掌握结

论，同时也提高了学生学习物理的兴趣。提倡“以学生为主体、教师为主导”的方式展开教学，教学中充分发挥学生学习的自主性和主动性，设置新的情境，重构和重演物理过程，突出学生的学，重视学生核心素养的培养。

【教学目标】

**1. 物理观念——势和能**

（1）了解电源在电路中的作用，理解电源的电动势和内阻概念。

（2）能够用实验探究和理论推导两种方法得出闭合电路欧姆定律及其公式。

（3）知道电源的电动势等于内、外电路上电势降落之和，理解闭合电路欧姆定律。

**2. 科学思维和科学探究**

（1）通过水果电池实验，激发学生解决问题的欲望和学习物理的兴趣。

（2）通过利用闭合电路欧姆定律解决一些简单的实际问题，培养学生运用物理知识解决问题的能力。

**3. 科学态度与责任**

（1）通过演示实验和探究实验，激发学生的求知欲和学习兴趣，享受成功的乐趣，体会物理学科研究的科学性，展示物理学科的魅力。

（2）通过学生之间的讨论、交流与协作探究，培养学生的创新精神和实践能力，培养团队合作精神，感受物理之美。

【教学重难点】

重点：能熟练运用欧姆定律体会闭合电路中各个元件的关系。

难点：理解电动势和内阻。

【教学策略选择与设计】

本节课通过学生实验、观察与思考、讨论与交流几个环节，让学生自主探究电源电动势的存在以及电动势与内电压和路端电压的关系。注重突出学生的主体地位，体现教师的主导作用，教师创设情境，激发学生的学习兴趣，启发、引导学生观察实验、自主探究、大胆猜想、合作交流，帮助学生自己推导出定律，体会到“创新”的喜悦。

【教学环境及资源准备】

教学环境：教室。

资源：水果电池、铜片与锌片、导线与LED灯、PPT教学演示课件、Flash动画、视频。

【教学流程图】

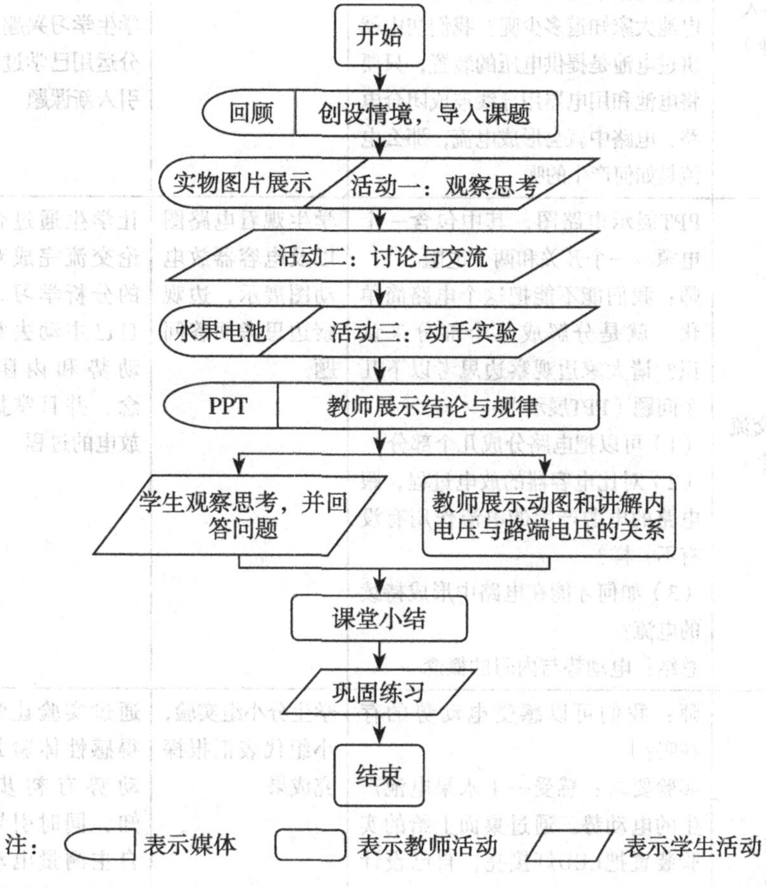

【教学过程】

| 教学环节 | 教师活动 | 学生活动 | 设计意图及资源准备 |
|---|---|---|---|
| 情境导入（3分钟） | （教学目标展示）<br>播放图片：生活中常见的电池。<br>师：大家认识河源的李河君吧？他就是做水电和薄膜电池的，关于电池大家知道多少呢？我们初中就讲过电池是提供电压的装置，只要将电池和用电器用导线连成闭合电路，电路中就会形成电流，那么电流是如何产生的呢 | 学生回答教师的问题 | 通过教学目标展示，让学生了解本节课要掌握的主要内容。创设身边情境，激发学生学习兴趣，并充分运用已学过的知识引入新课题 |
| 讨论与交流（5分钟） | PPT展示电路图，其中包含一个电源、一个开关和两个电阻。<br>师：我们能不能把这个电路简单化，就是分解成几个部分来认识？请大家边观察边思考以下几个问题（PPT展示）：<br>（1）可以把电路分成几个部分？<br>（2）对比电容器的放电过程，跟电路的电源产生的电流作用有没有不一样？<br>（3）如何才能在电路中形成持续的电流？<br>总结：电动势与内阻的概念 | 学生观看电路图以及电容器放电动图展示，边观察边思考回答问题 | 让学生通过合作讨论交流完成对电路的分析学习，学生自己主动去掌握电动势和内阻的概念，并且掌握电源放电的过程 |
| 学生动手实验（12分钟） | 师：我们可以感受电动势的存在吗？<br>实验要求：感受一下水果电池产生的电动势。通过桌面上给的实验装置把LED灯接亮，自己设计实验电路图测量出电动势的大小并派代表把结果填在黑板上。<br>（投影展示水果电池接通的线路）<br>教师总结 | 学生分小组实验，小组代表汇报探究成果 | 通过实验让学生获得感性体验并对电动势有初步的感知，同时引导学生自主测量电动势的大小，培养学生设计实验的能力，增强学生的动手能力 |

续 表

| 教学环节 | 教师活动 | 学生活动 | 设计意图及资源准备 |
|---|---|---|---|
| 观察与思考（6分钟） | 展示实验<br>观察：依次闭合控制小灯泡的开关，小灯泡的亮度有什么变化。<br>思考并回答以下几个问题：<br>（1）小灯泡为什么会越来越暗？<br>（2）对同一个电源来说，电动势是不会改变的，那么为什么外电路灯泡的电压会越来越小呢？<br>（3）电路里的电动势和灯泡的电压有什么关系<br>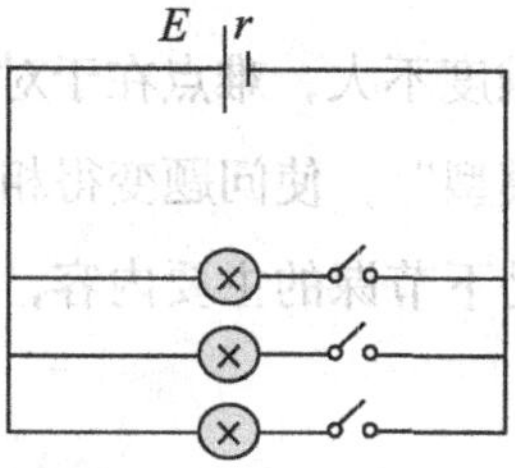 | 生1：因为内阻也会分电压，并联进电路里的灯泡越多，电阻越小，电流越大，内电压就会越大。<br>生2：电动势=外电压+内电压，就是$E=U_{外}+U_{内}$ | 通过展示简单的电路实验，增强学生学习的兴趣。学生通过观察实验现象并思考，引导学生得出重要的结论 |
| 视频与动图展示（8分钟） | 视频播放：<br>精确测量电动势与内电压和路端电压的关系。<br>动图展示“滑梯模型”。<br>电动势与内电阻和外电阻导致电压降低的关系。<br>教师总结：$E=U_{外}+U_{内}$ | 学生观察与理解 | 利用视频，形象生动地演示电动势与内电压和路端电压的测量。动图展示“滑梯模型”，增强课堂的趣味性，也更好地帮助学生感知“压降” |
| 小结和练习（6分钟） | 教师小结本节内容 | 巩固练习 | 检查学生的知识运用能力 |

## 板书设计

一、电路的 { 外电路 / 组成 / 内电路 }

二、电动势

内阻

三、闭合电路欧姆定律$E=U_{外}+U_{内}$

结论：$I=\frac{E}{R+r}$

【学习评价设计】

（1）这一节课是本章的重要内容，探究、推导定律是培养学生创新思维的绝好题材，故下大力气去做实验探究。学生完成自主探究、得出定律，课堂给学生以充足的时间去自主实验、合作交流。学生思路清晰后，推导迎刃而解，教学效果比较好。体现了学生的主体地位和教师的主导作用，整节课以学生的发展为本，以实验为基础，以培养学生的思维能力为核心，以提升学生的探究能力为重点。

（2）理解定律是本节课的重点，但难度不大，难点在于对电源内部电势差的理解，由于运用了水果电池和“滑梯模型”，使问题变得相对容易，能有效突破教学难点。灵活应用定律解决问题是下节课的主要内容，故本节课只涉及初步应用定律解题。

## 《研究闭合电路》教学设计2

【设计思想】

本课的教学设计主要运用新课标理念，以培养学生物理学科核心素养为目的的方式展开教学。在教学中充分发挥学生学习的自主性和主动性，通过动手连接一个完整的电路图，结合电路，在具体情境中提出问题，对电池上的标识（1.5V）产生疑问，让学生尝试解答，并能够以此问题贯穿课堂。通过演示实验，找到问题的答案，设置一个让学生充分思考的质疑过程和思维验证过程，突出学生的学和学生的质疑精神，重视学生核心素养的培养。

【教学背景】

前面几节课学生已经学习了电路中的一些基本概念以及部分电路的欧姆定

律，这节课主要来认识电动势以及闭合电路中电流与电动势之间的关系。

本课的教学对象是高二年级学生，他们已具有一定的物理基础能力，具有基本的电路知识，能够分析简单的电路，并且具有能量的观念，这些基础有助于他们理解学习本节课的内容。

【教学目标】

**1. 物理观念——能量观念**

电路中的能量转化是通过静电力与非静电力做功完成的，非静电力做功是其他形式的能量（如化学能等）转化为电能，电场力做功是电能转化为其他形式的能（如焦耳热等），同时理解电动势的概念。

**2. 科学思维和科学探究与科学态度和责任**

（1）通过具体的实践、观察与思考，在做中学，在玩中学，在具体的情境中产生问题，合理猜想，同时在实验中验证猜想，获得成就感。

（2）通过同学之间的合作，培养学生合作精神。

【教学重难点】

重点：闭合电路的欧姆定律。

难点：理解电动势的概念。

【教学环境及资源准备】

教学环境：多媒体教室。

资源：每组一套电路器材、可拆解电池等。

【教学过程】

| 教学环节 | 教师活动 | 学生活动 | 设计意图 |
| --- | --- | --- | --- |
| 情境导入（10分钟） | 要求学生通过已有的实验器材，连接一个会使灯泡发光的简单的电路，同时把电压表接在电源两端，测量电源两端的电压。电压表的示数是否为电源标识的数值 | 学生连接电路，同时观察电压表示数与电源标识的示数的差别 | 让学生在玩中学、做中学，同时在观察到电压表的示数与电源标识的数值的差别后提出问题 |
| 讨论与猜想（3分钟） | 抛出问题：为什么电压表的示数与电源标识的数值有差别 | 讨论与猜想：电源内部是否有电压 | 让学生大胆地合情合理地去猜想，培养学生的质疑精神 |

**续 表**

| 教学环节 | 教师活动 | 学生活动 | 设计意图 |
|---|---|---|---|
| 实验与验证（7分钟） | 测量可拆解电池的内外电压 | 学生观察测量内外电压的电压表示数 | 定义出电源的电动势概念 |
| 动动脑（10分钟） | 通过PPT动画，模拟出电流（电子）在电路中的运动情况，特别注意电子经过电源时，电子的受力情况。根据能量守恒得出非静电力对单位电荷做功的本领就是内外电压之和：电动势。同时得出闭合电路的欧姆定律表达式 | 细心观察电子在电路中的运动情况，理解非静电力在电路中的作用，同时理解电动势的物理意义 | 通过设置一个虚拟的情境，让学生理解非静电力在电路中扮演的角色，从能量守恒的角度理解电动势的物理意义 |
| 动动手（5分钟） | 通过PPT，学生完成相关练习，加深对电动势概念的理解 | 学生独立完成练习 | 通过练习检测学生的学，同时加深对概念的理解 |
| 总结与收尾（5分钟） | 总结，同时让学生提问学习过程中还未解决的问题 | 梳理学习过程，同时对还未弄清的问题进行讨论 | |

## 板书设计

外电路 → 外电阻 → 外（电）压$U_{外}$

↓

耗能 → $qU_{外}$

耗能 → $qU_{内}$

} $qU_{内}+qU_{外}=$ ← 电源供能

↑

非静电力做功$W_{非}$

$qU_{内}+qU_{外}=W_{非} \rightarrow U_{内}+U_{外}=W_{非}/q=E$

电动势：描述电源非静电力做功的本领（把其他形式的能力化成电能的本领）

单位：伏特（V）　1V=1J/C

# 在习题教学中如何丰富完善学生的物理模型意识

物理学家钱学森说过："模型就是我们对问题现象的分析，利用我们考究得来的机理，吸收一切主要因素，略去次要因素所创造的一幅图画。"生活中如何让学生在面对新问题、新事物时能泰然处之，快速抓住问题本质，笔者认为，在物理教学中注重培养和提高学生的建模能力是帮助学生快速处理复杂问题的有效途径。

物理模型的构建是一种重要的科学思维方法，通过对物理现象或过程的分析，找出反映物理现象（或物理过程）的内在本质及内在规律，从而达到认识问题的目的。高考理综试题的特点是题多且阅读量大，解答物理试题要求学生第一反应即物理建模方向要正确，才能较快进入解题过程。那么在物理习题教学中，如何丰富、完善学生头脑中的物理模型，有效提升学生的建模能力？本文就三个方面谈谈个人的看法。

## 一、加强规范训练，引导学生正确建模

每一个具体的物理问题所描述的物理现象或过程，都对应着一个物理模型。一个恰当的模型就是一把解题的金钥匙，建立一个合适的模型就等于揭开了掩盖问题现象或过程的本质特征的面纱。

解题时建模的一般步骤为：

（1）复现问题所表述的全部物理情境。

（2）抓住主要矛盾，将情境与头脑中的模型进行关联。

（3）将具体问题转化为物理模型。

第一个过程即为准确理解题意的过程。第二个过程为物理抽象的过程，在

此过程中，需要提取题中的有用信息，去除干扰信息，将问题理想化，抓住事物的本质，与脑海中积累的物理模型进行关联。第三个过程是对模型进行梳理和完善的过程，在此过程中需要找出抽象的模型与学生记忆中已知模型的相同点与不同点，如果相同，则套用已知模型规律；如果不同，则需要思考为何不同，原来的物理模型需要做何完善。

例1：（2014年广东高考理综试题第17题）用密封性好、充满气体的塑料袋包裹易碎品，如图1所示，充气袋四周被挤压时，假设袋内气体与外界无热交换，则袋内气体（　　）。

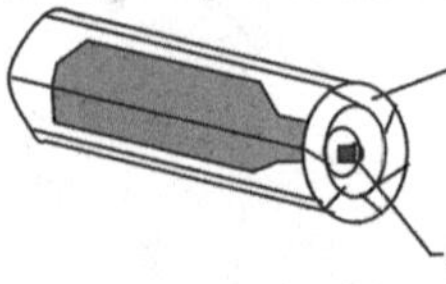

图1　塑料袋包裹

A. 体积减小，内能增大　　B. 体积减小，压强减小

C. 对外界做负功，内能增大　　D. 对外界做正功，压强减小

本题考查考生对热力学第一定律的理解，以日常生活现象为例，考查学生运用物理知识解决问题的能力。训练时，可引导学生从题中“密封性好、四周被挤压、无热交换”的几个关键词建立“绝热气体压缩模型”，同时引导学生找出与物理模型相应的物理规律，充气袋四周被挤压，体积肯定减小，所以外界对气体做功，气体内能增大，这样就可很快选出答案A、C。本题难度不大，高考区分度主要看解题的速度。在解容易题时，应引导学生尽快找到储存在头脑中相应的物理模型（金钥匙），做到解题又快又准，为解答后续的题目节省宝贵的时间。

## 二、发挥主动意识，强化学生建模思维的运用

习题教学中要让学生养成主动参与、积极思考的良好学习习惯。只有主动积极思考，才会不断地提高从原始题目中采集信息、处理信息、建立起与题目相对应的物理模型的能力，头脑中的模型才会不断丰富。建立合适的模型的关键是对物理状态过程的分析，为了建立一个合适的模型就必须对题意认真分析，所谓审题实际上就是在具体的问题情况中审视（辨别）出准确模型的过程。通过对研究对象的状态特征以及运动变化过程的分析，区分各种因素的主次关系，并与头脑中已有的物理模型相关联，才能辨别出此具体问题的实际模型。

例2：（2011年广东高考物理试题第36题）如图2所示，以A、B和C、D为端

点的两半圆形光滑轨道固定于竖直平面内，一滑板静止在光滑水平地面上，左端紧靠B点，上表面所在平面与两半圆分别相切于B、C。一物块被轻放在水平匀速运动的传送带上E点，运动到A点时刚好与传送带速度相同，然后经A点沿半圆轨道滑下，再经B点滑上滑板。滑板运动到C点时被牢固粘连。物块可视为质点，质量为$m$，滑板质量$M=2m$，两半圆半径均为$R$，板长$l=6.5R$，板右端到C点的距离$L$在$R<L<5R$范围内取值。E点距A点为$S=5R$，物块与传送带、物块与滑板间的动摩擦因素均为$\mu=0.5$，重力加速度取$g$。

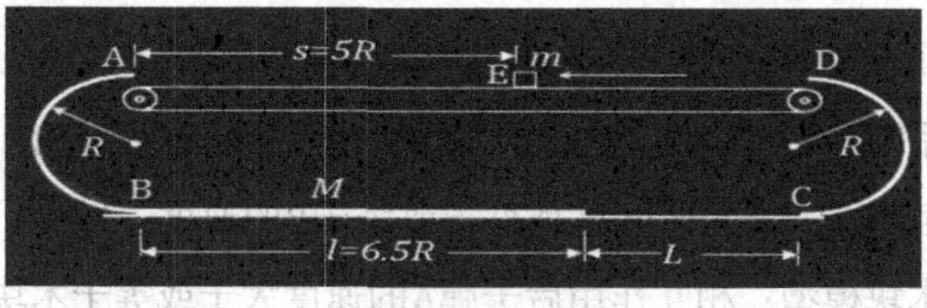


图2　物体运动

（1）求物块滑到B点的速度大小。

（2）试讨论物块从滑上滑板到离开滑板右端的过程中，克服摩擦力做的功$W_f$与$L$的关系，并判断物块能否滑到CD轨道的中点。

分析：学生边看图边读题边积极联想，可以很快找出本题中包含三个物理模型，一是“传送带”模型，物块从E点匀加速运动到A点；二是“竖直平面圆周运动”模型，物块从A点运动到B点；三是“子弹打木块”模型或“板块模型”，物块从B点运动到C点，最后又回到“竖直平面圆周运动”模型。虽然这道题的情况较为复杂，在短时间准确完整解出来有难度，但借助模型分析法拆分物理过程，是可以高效解答的，并拿到大部分分值，为做其他题目赢得时间。如果模型能力较强的学生在读题的过程中，模型已经建立，同时与模型相对应的物理规律也已经在脑海中浮现，若再能挖掘出隐含条件，是可以完整解答本题的。站在模型的高度审视广东高考计算题，会有“一览众山小”的感觉，有利于攻克高考压轴题，可谓“得模型者得高考”。

## 三、不断反思总结，完善物理模型

模型不是一成不变的，在平时的练习中，教师应当诱导学生不断完善、丰富模型。物理习题虽然形式多样，数量庞大，但是万变不离其宗，通常许多纷繁的问题都可属于同一物理模型。在习题讲解中通过多题归一、一题多解、一题多变等方式，强化学生提取模型的能力；在练习中引导学生不断反思总结，分清相似模型间的区别和不同模型的适用条件，分清物理模型与现实原型的差别，通过类比、对比、反思、总结等方法完善、丰富学生的模型意识。

比如，板块模型既是习题中的热点，也是高考考查的重点，题目丰富多变，能很好地设置试题的梯度。可引导学生把板块模型视为自己喜爱的“魔方”，通过不断反思总结，既可丰富模型意识，也可提升建模能力。例如，下面两幅图在习题中经常出现，都是物体之间相互作用的过程，在地面（双杆）光滑的条件下系统的动量守恒。仔细对比分析，可以归纳出图3的四个过程都是碰撞模型：相互作用后A的速度总是小于或等于B的速度。图4的三个过程属于子弹打（穿）木块模型：相互作用后子弹A的速度大于或等于木块B的速度。通过这样的分析对比归纳，可以发现多种相互作用过程具有模型的共性，又可区分易困扰的相似模型。

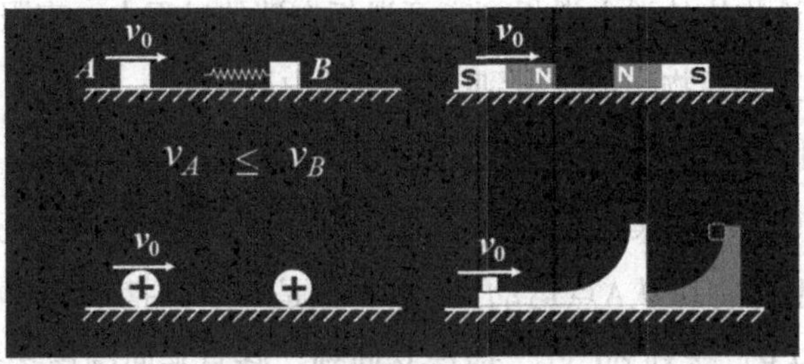


图3　碰撞模型

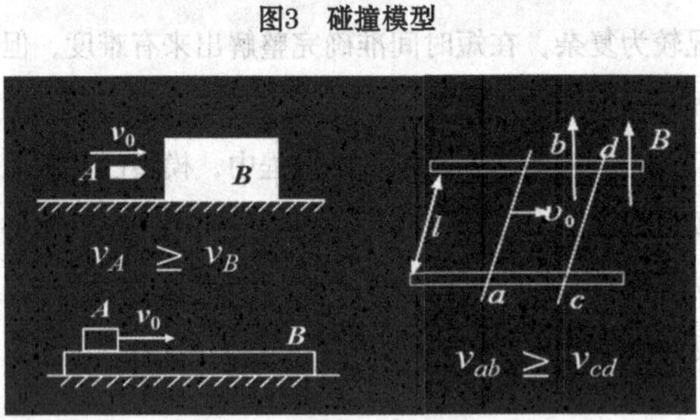


图4　子弹打木块模型

总之，物理模型是物理教学的根本，高中物理习题教学应重视模型思维的运用，不断丰富、完善学生的模型意识，使习题教学回归物理本真，让学生从题海中跳出来。

——本文 2015 年 5 月发表于《中学物理》

## 案例：专题复习——动量与能量

### 应用三大观点解决力学计算题学案

**【学习目标】**

1. 构建常见物理模型（板块模型），让学生在习题练习中丰富完善模型意识。

2. 运用力学三大观点解决力学实际问题，形成物理观念。

3. 通过一题多变、一题多问来创设问题串情境，让学生在不同情境中提升学科思维。

**【主干知识体系】**

学生自主完成填空。

**温故知新**

| 三大观点 | 对应规律 | 公式表达 |
|---|---|---|
| 动力学观点 | 牛顿第二定律 | |
| | 匀变速直线运动规律 | |
| 能量观点 | 动能定理 | |
| | 功能关系 | |
| | 机械能守恒定律 | |
| | 能量守恒定律 | |
| 动量观点 | 动量定理 | |
| | 动量守恒定律 | |

**【实例探究】设置问题串情境**

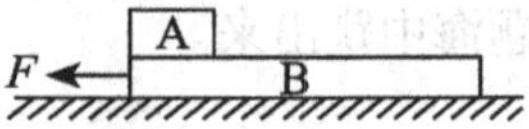

图5 板块模型

如图5所示，质量$m$=1kg的物体A放在质量$M$=4kg的木板B的左端。现用一水平向左的力$F$作用在木板B上，已知地面光滑，A和B之间的动摩擦因数$\mu$=0.2，最大静摩擦力等于滑动摩擦力（取$g$=10m/s$^2$）。求：

问题1：当$F$=12N时，分别求A、B的加速度。

问题2：当$F$=8N时，木板由静止开始运动，求木板B在3s内发生的位移。

问题3：当$F$从0开始逐渐增大，定量作出A、B两物体的$a$–$F$图像。

问题4：若地面粗糙动摩擦因数$\mu_1$=0.1，求使A、B发生相对运动的最小作用力的大小。

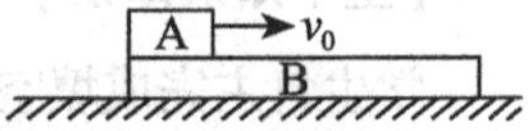

图6 板块模型

变式：如图6所示，质量$m$=1kg的物体A静止放在质量$M$=4kg的木板B的左端。现给A一个向右的速度$V_0$=2m/s，已知地面光滑，A、B之间的动摩擦因数$\mu$=0.2，最大静摩擦力等于滑动摩擦力（取$g$=10m/s$^2$）。求：

问题5：木板至少多长，物块A不会从木板B右端滑出？

问题6：从静止到共速时，所用的时间是多少？

问题7：从静止到共速时，滑块B移动的位移是多少？

问题8：从静止到共速时，物体A损失的机械能是多少？

## 动力学、动量和能量观点的综合练习

如图7所示，固定的光滑半圆轨道的直径$PQ$沿竖直方向，其半径$R$的大小可以连续调节，轨道上装有压力传感器，其位置$N$始终与圆心$O$等高。质量$M$=1kg、长度$L$=3m的小车静置在光滑水平地面上，小车上表面与$P$点等高，小车右端与$P$点的距离$s$=2m。一质量$m$=2kg的小滑块以$v_0$=6m/s的水平初速度从左端滑上小车，当小车与墙壁碰撞后，小车立即停止运动。在$R$取不同值时，压力传感器读数$F$与$\frac{1}{R}$的关系如图8所示。已知小滑块与小车表面的动摩擦因数$\mu$=0.2，取重力加速度$g$=10m/s$^2$。求：

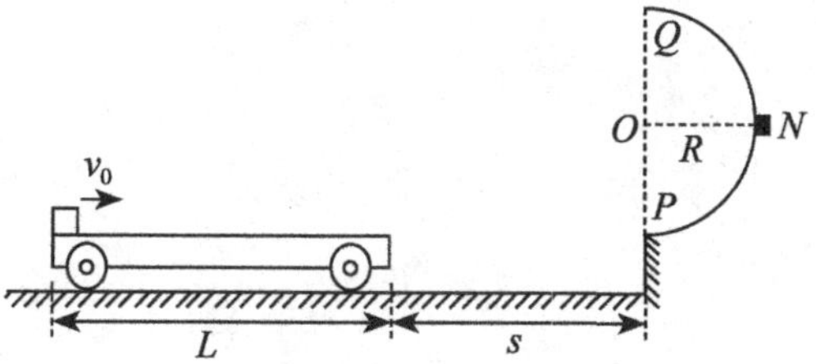


图7

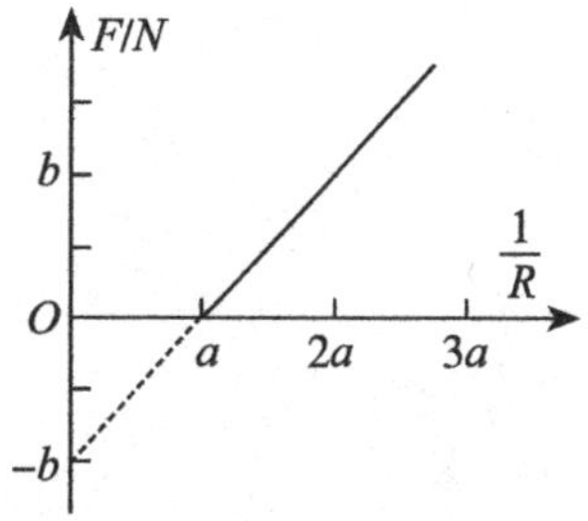


图8

（1）小滑块到达$P$点时的速度$v_1$。

（2）图8中$a$和$b$的值。

小结：

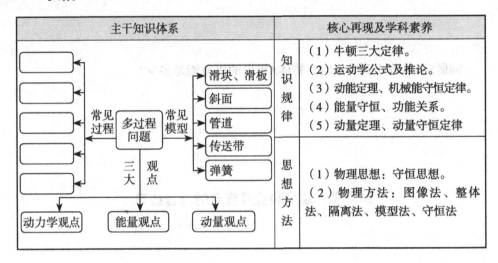

<table>
<tr><th>主干知识体系</th><th colspan="2">核心再现及学科素养</th></tr>
<tr><td rowspan="2">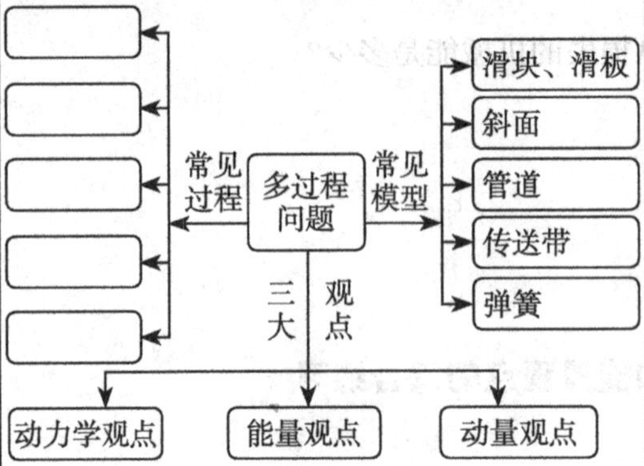
</td><td>知识规律</td><td>（1）牛顿三大定律。<br>（2）运动学公式及推论。<br>（3）动能定理、机械能守恒定律。<br>（4）能量守恒、功能关系。<br>（5）动量定理、动量守恒定律</td></tr>
<tr><td>思想方法</td><td>（1）物理思想：守恒思想。<br>（2）物理方法：图像法、整体法、隔离法、模型法、守恒法</td></tr>
</table>

# 谈物理模型的构建

## ——《山区高中物理模型的构建与实践研究》研究报告

### 一、课题立项研究背景

#### （一）课题研究的背景

我县地处广东省欠发达地区，学生基础较差，普遍认为物理难学、抽象，缺乏学习物理的兴趣和热情。究其原因，往往是教师没能很好解决物理模型的教学问题。在高中物理课堂教学中，许多教师还只停留在单纯地利用物理模型进行物理知识和技能的训练层面，不重视学生对知识的领悟过程。通过教研听课发现，不少教师总喜欢先总结归纳出一些物理模型呈现给学生，让学生跟着自己的思路去理解，然后辅以大量机械性训练。这样的课堂教学忽视了学生的认知主体作用，学生往往只会识别已接触过的模型，不会辨别未遇到过的情境，更不会自己建立模型、解决问题。因此，我们要让学生体会物理模型的建构过程，提升学生的建模能力，不断开发物理模型的教学新功能，让学生享受解决问题的乐趣，收获成功的喜悦。

本课题在其他同行研究的基础上，经过近3年的研究和实践，形成了一定的研究成果。

#### （二）课题相关研究概述

物理模型的构建与运用研究是科学研究的基本方法之一，到目前为止，国内有关物理模型研究方面的论文较多，一些研究生把本课题作为毕业论文，在理论研究层面较为系统，对物理模型的分类、构建原则等理论概述的研究值得参考借鉴。但在中学物理教学中，把“物理模型的构建与实践研究”作为课题来研究的较少，特别是在习题教学研究、实验教学研究和第二课堂辅导方面，还没有形成相关的系统研究，这说明以中学物理教师的角度去研究更具有应用价值，也对中学物理教学更具有指导意义。

**（三）课题研究的现实意义**

**1. 学术价值**

建立模型、应用模型、在应用中逐步完善模型是物理学家和科研工作者重要的科研方法之一，物理学上的许多重大发现、发明都是巧借物理模型才取得成功的。在新课程视野下，物理模型的教学内容和功能也应有相应的突破，它不能仅仅是一个传授物理知识的简单过程，更应该是一个贯穿物理思想方法的过程。

通过本课题的研究，对中学物理模型教学形成较为系统的研究报告，用课题成果指导教师熟悉常见的物理模型及其建立过程，让山区教师掌握物理模型的构建理论，在教学设计中把学科核心素养的培养渗透到模型教学中去。

**2. 应用价值**

让山区教师在教学实践中能灵活运用物理模型的构建策略，改变物理模型脱离学生认知规律和新课程要求的状况，把物理模型放到问题中，放到现实中，放到一定的情境中，由学生感知、体验模型的建立过程，使物理模型在课堂中灵活起来，为学生提供探索物理规律并解决物理问题的有效途径，着力提高学生的建模能力。

同时通过本课题的研究，对学生渗透STS教育，加强学生对物理、科技与生活之间关系的理解，激发学生的学习兴趣，提高课堂教学效果，从而提高我县物理教学水平和促进一批教师的专业成长。

**（四）课题核心概念的界定**

**1. 物理模型是人们通过科学思维对物理世界中的原物的抽象描述**

物理模型从狭义的角度主要分为两类（随着研究的深入，我们将条件模型并入过程模型）：

（1）对象模型。对象模型是根据研究对象的特点，舍弃次要的、非本质的因素，抓住主要的、本质的因素，从而建立一个易于研究的、能反映研究对象主要特征的新形象。

（2）过程模型。过程模型是为了研究复杂问题，建立在物体运动变化过程的基础上，根据研究问题的性质和需要，在包含多种复杂因素的物理过程中找出主要因素，略去次要因素，建立能够揭示事物本质的理想过程。

**2.“物理模型”的构建是指对纷繁复杂事物的研究**

物理模型的构建首先就要抓住其主要的特征，舍去其次要的因素，形成一种经过抽象概括了的理想化“模型”，其实质就是将隐藏在复杂的物理情境中的研究对象或物理过程进行简化、抽象、类比和提炼。将物理学中的研究对象模型化，仅仅是研究问题的开始，更重要的是找出研究对象运动过程所遵循的规律，以便用过程模型规律来解决实际问题。所以，“物理模型”的构建是一个科学严密的思维过程，其思维过程非常重要。

## 二、课题研究的内容

调研分析我县关于物理模型教学中存在的主要问题，调查学生对物理模型的掌握情况，针对学生建立模型过程中的思维障碍进行分析，运用理论，借助实践找出相应的对策并形成相关教学案例。

### （一）一个模型的建立可能要构建多个子模型

随着研究的深入，我们将报告中的“条件模型”并入“过程模型”，因为过程包含条件在内，所以本课题主要研究现行中学物理教材中两种常见的物理模型——物理对象模型（研究对象的构建）、物理过程模型（条件、状态、过程的构建）和两种模型的主要特征、思维方法以及建立过程对物理学习的作用，并在习题教学、实验教学与多媒体辅助教学中拓展和丰富这两种物理模型（电学习题模型、力学习题模型）的教学功能。最后在教学过程中开展物理模型构建的相关教学实践，总结推广与上述两种物理模型相关的两种教学模式：核心概念（规律）教学模式和习题教学模式。

### （二）研究物理模型的构建对物理学习的作用

（1）物理模型教学有利于学生知识结构的系统化和知识的迁移。

（2）物理模型教学有助于学生获得准确科学的物理概念、规律。

（3）物理模型教学有利于加强学生与生产生活实际的联系。

**（三）课题拟突破的重点、拟解决的关键问题及主要创新之处**

课题拟突破的重点及拟解决的关键问题：如何让学生在较少的课时内掌握更丰富的物理知识，物理模型的教学不失为一种有效方法。提升物理模型的教学，将最基础最典型的物理知识、物理问题、物理研究方法介绍给学生，引导学生去思考、去分析物理现象。

课题的主要创新之处：把物理模型教学与习题研究、信息技术、第二课堂（如水火箭制作、地球撞鸡蛋、物理竞赛、科技小制作）结合起来，在课内外教学实践中探索培养学生建模能力的有效方法。

## 三、研究结果、结论及分析

**（一）问题的提出**

通过教研听课发现，很多学生只会运用形象思维方式记住物理模型的静态结论，生搬硬套，不会灵活运用，没有真正理解掌握知识，一旦需要解决实际问题或进行探索性的工作时，就不知如何下手，从而也导致了物理教学效率低下、学生不会变通、认为物理难学的问题。

**（二）研究方法**

为了弄清学生物理学习困难的原因、教师在物理建模过程中存在的问题、提高课题研究的针对性，特运用问卷调查分析法进行研究。本问卷共10道选择题，为不定项选择，内容涉及教学组织、教学方法和教学效果等方面。抽取2015届高二年级5个班共258名学生（东江中学2个班、东源中学2个班、高级中学1个班）。

**（三）研究结果**

本次调查共发放问卷258份，回收有效问卷248份。问卷调查统计结果如下。

1. 你在解决物理问题时，你的困难来自（　　）。

A. 读不懂题目的意思（7%）

B. 虽能读懂题目，但想象不出物理情境和物理过程（24.5%）

C. 对物理公式的意义和适用条件（适用范围）不太清楚（12.3%）

D. 找不出题目的隐含条件（56.2%）

2. 在你学习物理的过程中，物理模型的含义是（　　）。

A. 和现实生活一模一样，完全反映现实生活（20.8%）

B. 排除了非本质因素的干扰，舍弃了次要因素和无关因素（74.1%）

C. 完全脱离生活，毫无意义的（5.1%）

3. 你认为为什么在解决很多物理问题时要建立物理模型？（　　）

A. 好套公式（31.1%）　B. 能突出问题的本质（36.1%）

C. 方便快捷（2.2%）　D. 能套用成型的问题解决模式（30.6%）

4. 开始拿到题时，对于研究对象（　　）。

A. 马上可以确定（20.4%）

B. 分析较长一段时间后才能确定（57.6%）

C. 不能确定（22%）

5. 对于研究对象状态变化过程的模型（　　）。

A. 容易确定（14.1%）　B. 不易确定（67.9%）

C. 不能确定（18%）

6. 确定过程模型的难点在于（　　）。

A. 想不清楚它的实际运动过程（31.6%）

B. 题目中的干扰因素较多，不是非常容易判断出来（56.1%）

C. 题目中的困扰因素太多，根本无从考虑（12.3%）

7. 你认为老师在引导我们审题时哪个措施最重要？（　　）

A. 帮着我们念题，特别是带数字的问题（0%）

B. 老师在黑板上画出题目反映的物理情境图（74.4%）

C. 让学生自己学着画物理受力及运动情境图（6.2%）

D. 通过画图分析明确问题所涉及的物理模型（19.4%）

8.下列关于审题的习惯描述哪一项和你的最接近？（　　）

A. 拿到题目首先看一下题目最后的问题是啥，带着问题看题（54%）

B. 拿到题目首先从宏观上大致确定这个题目是一个什么问题，应建立何种物理模型（10.2%）

C. 拿到题目后认真读题，仔细画好受力分析图和运动过程图（15.8%）

D. 拿到题目后首先要想一下要用到哪些公式，回忆一下主要公式（20%）

9. 完成某一章节的学习之后你是否有意识地去做一个本章的主要物理模型小结？（　　）

A. 肯定要做（8.1%）　B. 想去做，但没有时间（47.9%）

C. 偶尔能想起去做（40%）　D. 从来没做（4%）

10. 你在课下整理试卷或者练习题时主要做的工作是什么？（　　）

A. 把错题认真做一遍（32.1%）

B. 弄清做题过程中所犯的错误，在试卷旁边做简单的标注（45.9%）

C. 记下该题的主要解题步骤（16%）

D. 通盘考虑试卷出错的情况，找出自己的主要问题（6%）

**（四）结果分析**

1. 从第1题可见，在解决问题时，58.9%的学生对于题目中的隐含条件挖掘不够，学生不能根据题设的物理信息构造相应的物理情境，在头脑中形成相应的物理过程，并分析此过程中的模型而使问题得以顺利解决。分析其原因，一是学生自身的理解能力不够；二是教师在平时给学生在讲解大量习题时，直接告诉学生问题的研究对象，呈现物理图景，甚至将物理过程及模型直接给出，学生没有思考的过程，自然找不出答案。

2. 对于物理模型含义的理解，74.1%的学生选择了B，即排除了非本质因素的干扰，舍弃了次要因素和无关因素。在此过程中，学生基本了解到学习物理模型的现实意义，深刻体会到物理模型来源于生活，是真实生活的反映，同时又是理想化了的生活情境。

3. 第3题主要针对建立物理模型的意义的理解，从答题情况看，大部分学生还是理解比较到位的，知道是突出问题的本质，但还有较多学生认为建立物理模型是为了套用解题模式，这也许就是物理模型教学中普遍存在的问题。作为教师，一定不要急功近利，只讲一些成套的解题模式，更重要的是让学生学会分析问题，突出问题的本质，提高综合素质和能力。

4. 第4、5两题是从研究对象出发进行调查的，因为任何物理问题的解决，首要任务就是确立研究对象，进而抓住问题的本质进行简化，从而确定物理模型，才能真正解决问题。从这两题的答题情况看，学生对于确定研究对象还存在一定的问题，因此有待从此方面进行加强。

5. 第6题的设计来源于生活，因为目前高考中的信息题目越来越多，大量的信息对于学生会有太多的干扰因素，学生比较惧怕此类习题，同时从本题的调查中，说明学生抓主、忽次、排无的抽象思维还比较欠缺，在教学中需要加强。

6. 从第7题的答题可见，学生在听课过程中关注物理模型建立的意识并不是很强烈，实质上可以说，学生在听课时并没有关注教师是怎样建立物理模型的。学生对本题的答案大都集中在B、C、D上，应该说学生的关注面是正确的，只是在建立模型的目的性上还不够明确。

7. 第8题考查的是学生在审题时的第一反应，主要考查了学生有无建立物理模型的审题习惯，A项说明学生审题时关注题目的任务，当然，任务分析对建模有着重要的作用，但目标太过明确，往往得不到最终的结果；B、C两项则主要是考查学生是否有了审题过程中要建立物理模型的审题习惯，那就是边审题边画出必要的物理情境图，并作必要的受力分析和运动过程的分析。但答题中只有10%~15.8%的学生有这种意识，当然这部分学生的物理成绩自然会好一些。20%的学生则更关注从公式的应用角度出发去审题，以套公式为解题的出发点。

8. 第9、10两题是为了考查学生有无课下及时总结整理的习惯，而且在总结时关注的是哪类问题。从第9题中可以看出学生在课下章节小结中关注物理模型的总结复习问题是很少的，甚至有将近一半的学生从没做过。第10题中A、B、C三个选项关注的是试卷中具体的每一个题目，而只有D选项关注的是整份试卷，而作为物理模型的总结，肯定要关注整体，从中找出问题的共性，进而能提炼共同的物理模型和模型遵循的公共规律，从本题的大体情况来看，说明学生还是没有总结提炼物理模型的复习习惯。

针对以上调查问卷的答题情况，可以说，学生对物理模型的建立还存在很大的问题，有待提升的空间还很多。通过本课题的研究，争取让本届学生进入高三之前，有一个较好的建模思想和建模习惯。

由于选取的样本数量较少，此次调查也许不能完全概括目前高中物理的教学现状，但也从中反映出一些问题，最重要的问题主要出现在教师物理模型教学上，这有待进一步的改进。

## 四、教学研究理论成果方面

课题组教师通过典型课例研究，提炼出了高中物理教学中物理模型构建的原则以及基本程序，总结了教学建模的理论意义；对物理模型形成了系统的认识，总结了物理模型的有效教学策略。

**1. 形成了物理模型教学的教学原则**

（1）突出学生的主体性和教师的主导性原则

现代教学理论指出，在开展教学活动时，学生是教学活动的主体，是教学目标的体现者。根据建构主义理论，学习是主体对知识的主动建构的过程，不是在外部刺激作用下形成反应的过程。因此，学生学习过程中的主体能动性对学习效果的影响起着决定性的作用。在开展模型教学时，教师应首先考虑把学生学习过程中的主体能动性放在首位，使学生主动地参与教学过程，并在其中积极主动地去探索、去认知，并将知识内化为自己认知结构的一部分。然而，由于中学生的学习兴趣通常不够稳定、持久，在学习过程中思维和操作能力有限，还可能在学习过程中遇到困难和阻碍以后，产生消极和畏难情绪，为此教师应精心设计教学过程，调动学生学习的主动性，引导学生进行主动的建构。

（2）强调科学性和思想性相统一的原则

在开展中学物理模型教学的过程中，应十分注意科学性和思想性相统一的原则。首先，教师提供的素材必须符合科学原理，不能一味地追求新奇，创设的生活情境不能犯科学性错误，必须符合物理学原理。其次，教师在开展课堂教学时，所创设的教学环境与教学过程的结合等方面，必须符合教育学、心理学原理。例如，教师选取的模型自始至终应有助于学生的自主建构，具体体现在获取知识的途径、方法是多元化的，运用知识的情境应富有开放性，留给学生充分自主的空间。此外，应重视教学环境的潜移默化的作用。

（3）坚持物理模型教学与生产生活实际相结合的原则

在开展物理模型教学时，应充分考虑课堂教学中体现物理与生产生活实际相结合的原则。也就是说，教学中教师提供的供学生建立模型的背景知识或理论来源于社会、生产、生活之中，以使物理模型不至于成为无源之水。

开展物理模型教学的目的是达到教学效果最优化。由于每个学生学习的动机、目标和过程都可能不同，教师在物理模型教学的课堂设计中，还是要合理安排教学进度，促进全体学生在学习兴趣、理解知识、实践能力等方面的发展，充分发挥教学各个要素的作用，达到优化的目的，产生最佳的教学效果。

**2. 构建了物理模型教学的教学目标**

（1）知识与技能目标

通过对物理模型内容的讲解，使学生掌握基础的物理知识和技能，提高运用所学的物理知识与技能分析和解决有关问题的能力。物理学中的每个知识点都是通过适当的物理建模而得到的，故而对物理模型的教学，实际上是对物理学基础知识的教学。物理模型是物理知识体系的基本组成要素，若把物理知识体系当成一个网络系统，模型就是网络中的结点，它的内涵是人对相关事物本质属性认识的高度概括。在进行物理模型教学时，可以帮助学生构建知识系统和网络，形成良好的认知结构。例如，在讲解电场这一章时，物理模型有点电荷、电场力做功等，在分析电场力做功时，如带电量为$q$的正电荷在匀电场中从一点移到另一点，可跟学生非常熟悉的重力场下的重力做功模型相类比。通过模型的比较分析，使新知识与原有认知构成链接，使所有知识点形成网状关系，在获取新知识的过程中改造或强化、深化原有的认知结构，使原有认知结构更加科学与完整。

（2）过程与方法目标

通过对物理模型的建立过程的讲解，了解物理学理想化的研究方法，并尝试在日常生活中讨论有关科学问题时，应用这种方法去思考和分析问题。物理学所分析、研究的实际问题往往很复杂，有众多的因素。为了便于分析与研究，物理学往往采用一种简化的方法，对实际问题进行科学抽象化处理，保留主要因素，略去次要因素，得出一种能反映原物本质特性的理想对象、理想过程，即物理模型。物理模型是以科学知识和实验事实为依据，经过分析、综合、比较、抽象、概括、推理等一系列严格的逻辑论证后建立起来的。让学生通过亲身经历物理模型建立和应用的过程，增进学生对物理学科研究过程和科学研究方法的理解。教学中，通过对物理模型的设计思想及分析思路的教学，能培养学生对较复杂的物理问题进行具体分析，区分主要因素和次要因素，抓住问题的本质特征，正确运用科学抽象思维的方法去处理物理问题的能力，有助于学生思维品质的提升。

（3）情感态度与价值观目标

通过物理学史中物理模型发展的典型事例，使学生认识到人类探索自然规律的艰辛和曲折，认识到科学是一个不断进步的过程，在潜移默化中培养他们科学的世界观、价值观，同时培养他们坚持真理、勇于创新和实事求是的科学态度与科学精神。物理学中物理模型的建立与发展都是一个动态的变化过程。每个物理模型都是在特定的历史条件下建立起来的，受当时理论研究水平和实验手段的限制，所以，任何物理模型都只是对客观实际的一种近似反映，其正确性要靠实验来检验。任何理想模型都不是一成不变的，只是物理学发展中的产物。随着科学技术的发展，当新的实验事实与原有模型得出的结果不符时，人们就要修改旧模型或汲取旧模型的精华后建立一个新模型，从而更好地切合客观实际。

**3. 课题的重点、关键问题及主要创新之处得到有效突破，形成了典型的物理建模教学模式**

形成了在习题教学中丰富、完善学生的建模意识的有效教学策略（详见《在习题教学中如何丰富完善学生的物理模型意识》一文）。

**4. 构建了核心概念、规律的有效教学设计策略**

详见《例谈高中物理核心概念的构建》与《在核心规律的构建中培养学生的核心素养》。

**5. 形成了模型教学、实验教学及多媒体技术辅助教学的有效整合**

对于核心概念和规律的构建，我们在坚持实验优先的前提下，提倡多媒体技术辅助教学。为了帮助学生建立物理模型，需要给学生提供必要和充分的感性材料。有的物理知识内容比较抽象，利用现代化的教学手段能使抽象的知识变得具体，原本快速进行的过程可以缓慢呈现，原本看不到的过程变得可观察。运用多媒体辅助教学所提供的大量形象材料可帮助学生建立物理模型，但物理学是一门以实验为基础的自然科学，所以在开展模型教学时，必须牢固树立实验优先的教学指导原则。在课堂教学中，虽然可以借助物理模型反映物理现象、物理规律，但始终没有实验给予人的直接经验形象令人印象深刻，所以可以借用实验来引入物理模型教学，在学生学习建立物理模型的过程中，可以借助演示实验帮助学生感知物理现象，同时也可以通过开展探究性实验来引导学生建立物理模型，解决实际问题。

在实验教学中注重概念规律的构建，我们主要从四个方面突破：创新实验器材、演示实验与分组实验相融合、实验教学与多媒体技术相融合、实验教学与探究教学相融合。在实验教学中着力培养学生的建模意识。

## 五、讨论与建议

1. 针对课题组目前成果推广实践的困惑。在教学中，许多教师习惯采用直接引入的方式得到物理模型，而对物理模型的建模过程重视不够，致使学生不能活学活用。个别教师在开展研究的过程中，缺乏有价值的思考，没有及时进行总结，收获甚浅。建议后续阶段在教学方式、教学手段、教学理念等方面做更深层次的思考和研究，进一步提炼有关教学建模的教学策略，着重在“如何构建”与“实践研究”上下功夫。

2. 由于传统教学模式的束缚及学校教学条件、教学要求的限制，对物理模型教学的研究仍偏重于理论，在第二课堂（如水火箭制作、地球撞鸡蛋、物理竞赛、科技小制作）教学中开展的模型教学实践还不够，有待进一步进行更深入的实践研究。

3. 物理模型教学难以真正量化评价。教学成果主要体现在物理教学的综合表现中。

# 谈核心素养培养策略

## ——广东省中小学新一轮“百千万人才培养工程”专项科研项目“高中生物理学科核心素养培养的策略”课题研究报告摘要

## 一、课题国内外研究现状述评及选题的背景

### （一）本课题国内外研究现状述评

目前主要发达国家已把核心素养纳入教育政策法规。比如，美国对核心素养的关注起源于注重知识创新的高新企业团队，这些企业从用人所遇到的问题反馈到教育中，指出基础教育要注重培养学生的哪些能力和素质，他们称之为“技能”。这些技能不是简单、具体的，而是在21世纪必需的生存技能，是当今社会每个人都应该掌握的内容。日本国立教育政策研究所从2009年起启动了为期5年的“教育课程编制基础研究”，它关注“社会变化的主要动向以及如何有效地培养学生适应今后社会生活的素质与能力，从而为将来的课程开发与编制提供参考和基础性依据”。我国的新课标中系统地提出了“核心素养体系”的概念，并将这一概念摆在深化基础教育课程改革、落实立德树人目标的基础地位。

### （二）课题背景

新课标强调要根据学生的成长规律和社会对人才的需求，把对学生德智体美全面发展的总体要求和社会主义核心价值观的有关内容具体化、细化，深入回答“培养什么人、怎样培养人”的问题。新一轮的高中课程改革提出了学生发展的核心素养体系，给出了“核心素养”的概念界定。核心素养是新一轮课程改革的出发点和落脚点。从“三维目标”的基础上提出以“核心素养”来统领，这就要求我们一线教育工作者要积极探索新的教学策略。

山区高中学生的学科素养不容乐观，主要表现在科学思维能力不强，实验探究能力较差，没有真正理解科学方法、科学态度和科学精神，应用物理科学知识解决生活中的问题能力弱。同时，山区教师整体素质不高、视野不够开阔，缺少对学生终身发展的关注。在物理教学中，大多数教师仅从知识技能方法等方面来设计教学。目前普遍存在的一些不利于培养学生核心素养的问题有：一是实验教学和实践技能的培养没有引起重视，有的在黑板上讲实验，还有的让学生背实验，学生的科学探究能力大多停留在“纸笔”上；二是新授课没有突出概念规律的构建过程，片面强调以知识的传授为中心，用大量题目的训练代替能力培养，忽视了物理学科的科学精神、科学态度的培养；三是教师缺乏培养学生发现问题、解决问题、创造思维的品质习惯，不能有意识地培养学生的创造能力，学生科学思维能力较差；四是缺乏对学生方法的指导，没能很好地引导学生自主学习、独立思考、合作探究，没有注重学生终身学习能力的培养等。所以，山区教师急需更新教学理念，探索新的教学实践。

目前，从核心素养的角度来研究高中物理教学的较少，作为物理教育工作者，如何通过物理课堂教育来提高学生的物理学科素养，如何采取有效的评价策略来评价学生素养，非常值得我们去研究。

## 二、课题的核心概念及课题研究意义

在自然科学教学中，物理教学是培养中学生科学素养的重要途径之一。而高中课改实施多年来，山区高中学生具备的物理素养依旧比较低。这也就需要我们在教学中由“三维目标”走向“核心素养”，实现教育对人的真正的全面回归。

从我国的现状来看，提高我国公民的科学素养任重而道远，学校教育任务还相当艰巨。青少年是国家的希望，他们的科学素养水平的高低直接决定了我国能否在激烈的国际竞争中处于有利地位，因此必须努力提高青少年学生的科学素养。而物理学科教育是科学教育的重要组成部分，传统的物理学科教学存在着只重视“双基”教学，忽视学生科学素养培养的问题。所以，改变学科教育模式和学习方式，通过物理教育来提高中学生学科核心素养，为学生的全面发展和终身发展打下基础，这对于提高我国中学生的整体素质水平、提高我国科技竞争力起着非常重要的作用。

2018年新一轮高考模式已经实施，虽然物理学科变为选考科，知识的深度会略下降，但会更加关注知识的宽度，更加重视对学生科学素养的考查。同时很多高校明确提出了对选考物理科目的要求，这说明培养学生的学科核心素养将摆在更加突出的位置。同时也需要对学生综合素养做出科学权威的考查，所以探索学生素养的评价方法及途径将具有非常重要的现实意义。

## 三、课题研究的内容

关注学科核心内容、科学方法、科学精神等方面的问题，关注学生个体知识的建构和应用，创设有利于能力发展的学习和现实情境，积极贯彻以学生核心素养来引领的教学设计和实践，以身作则培养学生的物理核心素养。

### （一）积极关注最新教学大纲和课标要求，及时吸收最新相关教育教学理论

紧密结合最新动态，对目前基础教育阶段中学生学科核心素养的基本情况及水平进行分析，提出利用物理课堂教学来加强学科核心素养培养的理论意义与现实意义。

### （二）探讨在物理教学中培养学生的学科核心素养的教学策略

结合具体的物理教学实例，在物理核心素养理念的引领下来展开教学设计和进行教学实践。具体分为三个子课题：

1. 在概念规律的建构过程中，研究如何更好地培养学生的科学思维。

2. 在还原部分物理“真实”学史中，研究如何有效地培养学生的科学态度与责任。

3. 在加强和创新实验教学中，探讨提高学生的实验探究能力的教学策略。

当然，这三个子课题是相互联系、互为整体的。

### （三）在教育实践中，探讨学生物理学科核心素养的评价标准

分析学科核心素养与物理教学的关系，探讨培养学生物理学科核心素养对人终身成长的作用与影响，使学生的物理核心素养可测可评。

## 四、课题研究成果

课题组教师通过典型课例研究提炼了高中物理教学中物理学科核心素养培养的教学策略以及基本程序；对核心素养形成了系统的认识，归纳了核心素养的内涵和外延；课题组教师的教科研能力得到明显的提升，带动了全县高中物理教师的专业成长。

### （一）课题研究的重点、关键及创新之处

**1. 还原真实的物理过程，在核心概念和规律的构建中落实核心素养**

进行课题研究以来，我们着力改变一些教学行为：注重还原部分物理规律概念的建构全过程，从学科内容本质出发提出问题，引导教学。在真实的构建过程中培养学生的核心素养。以学科素养为目标，在教学过程设计中提高对教学本质的认识水平。在教学设计中用问题引发学生思考，启发学生在解决问题的过程中掌握学科知识，形成学科思想方法和能力，发展学科素养。

我们总结了发展物理学科素养问题教学要把握好的七个关键要素，即要给学生的思维和推理认知台阶，为学生提供元认知方法，示范高水平的实验操作过程，维持对证明、解释或意义的强调，任务建立在已有知识基础上，在概念间建立联系，给予学生适当的探索时间。

设计真实的学科过程要注重三个要素：

（1）事实。与教学有关的实际现象、其他学科现象、同学科现象。

（2）素材。与教学内容有关的本学科知识、其他学科知识、信息技术等工具。

（3）问题。结合学生的学情设计好问题串。要带着对学科内容本质的认识来反思教学，要能够围绕学科素养，从教学设计中寻找教学存在的问题及原因。

在还原真实的物理过程中，在核心概念和规律的构建中追问有效的教学设计：

（1）教学内容的核心和本质抓住了吗？

（2）教学目标的制定和达成如何？

（3）学生发现、提出、分析、解决问题了吗？

（4）学生思考力水平保持得怎么样？

（5）教师对学生思想方法的了解如何？

（6）学生存在的问题是什么？

（7）教学应该关注什么核心素养？效果如何？

在物理概念的构建和物理规律的探索梳理环节中，让学生真切地感受物理学科中的各类思想方式，最终真正培养学生的物理核心素养。

**2. 创设丰富的情境来提升学生的科学思维和科学探究能力**

在山区高中，很多高中生在学习物理课程期间都处于极为被动的状态，这已影响到学生终身学习的意愿和终身学习能力的培养等目标。在高中物理课堂教学环节中，教师必须积极承担相应的使命，让学生保持和激发学习物理的兴趣。基于此，课题组成员积极研究创设丰富的情境来全面迎合学生的猎奇心理。

（1）在学科核心素养教学中，我们发现情境设计能力是非常重要的。要养成这种素养，就意味着学生的学习应该是在一个又一个基于真实生活情境的主题或项目中通过体验、探究、发现来建构自己的知识，发展自己的能力，养成自己的品格。因此，发展核心素养的学习是人和真实生活情境之间持续而有意义的互动，在课堂教学中，我们积极倡导“理蕴人文　以情诱思”的教育思想。通过物理课堂文化的长时期熏陶、感染之后，高中生才能逐步展现出更加阳光的心态，进一步锁定今后适合自身的发展方向。

（2）在尽量结合生活实际的前提下，创设各类生动化感知情境来全面迎合学生的猎奇心理，如课题组积极组织学生开展创新技能大赛和航模比赛；考虑到学生当前课业压力的沉重状况，对高一、高二物理学科的作业数量、考试次数和难度等进行适当程度的缩减，持续到维持一类平衡状态为止。自课题实践研究以来，我们发现这不单单可以全面激发学生的好奇心，更重要的是可以强化他们独立思考的能力。

（3）如何提升教师的情境设计能力，我们课题组主要从三个方面着手：依据学生基础设计出好情境；根据教材内容区分情境的复杂程度；按教学实际对情境进行结构化处理。课题组教师善于根据任务目标的不同有效地识别情境中的细枝末节和关键事实，从而恰当地进行结构化处理。

学科核心素养实际上就是一种把所学的学科知识和技能迁移到真实生活情境中的能力和品格。在两年多的课题研究中，我们优化教学设计，着力提升情境设计能力。

**3. 在实验教学中，竭尽全力促进学生学科素养的健全化发展**

丰富拓展物理实验教学，让高中生在物理学习道路上态度表现得更为坚定，这也是物理实验教学对学生核心素养塑造产生的贡献之一。如在小组实验教学中锻炼学生自主性操作意识的基础上，令相关数据得到精确性记录、实验器具予以有序性整理，虽然表面看这些事情不足轻重，但是对今后高中生独立性适应各类生活、学习、工作环境颇有裨益。

教师在引导学生开展小组合作和探究等活动（创新技能大赛和航模比赛）期间，注重同步激发学生积极向上的良好心态。特别是在实验小组合作学习环节中，积极培育学生必要的社会情绪，包括善待他人、采纳各方意见、提升自我监管质量等，这诸多细节都是作为一个社会成员必须具备的礼仪与文化基础。

**（二）探索落实四个核心素养的教学思路和初步评价策略**

**1. 物理教学中学生物理观念的培养**

物理观念的形成和发展需要学生通过物理概念、物理规律等内容的学习及运用才能逐步形成。学习概念和规律是学生形成物理观念的有机组成部分。教学中，通过对物理概念和规律的逐步学习、系统反思和迁移应用，可促进学生的物质观念、运动与相互作用观念和能量观念不断发展，使其学会用这些观念解释自然现象，解决生产生活中的实际问题。

（1）培养物质观。培养学生认识物质的外表，会透过外表分析其内在的本质，确立物理概念，会应用物质观解决实际问题，掌握筛别法等物理思想。

案例：地磁场是一种客观存在的物质。如何在教学中让学生感知到呢？

评议：教师由实验激发学生思考线圈产生感应电流的条件——磁通量变化，从而产生联想，知道地磁场是一种客观存在的物质。

（2）培养运动观。培养学生会描述运动的性质，会理解运动的相对性、独立性和等时性，会应用运动观解决实际问题，掌握图像法、对比法描述运动等物理思想。

案例：速度—时间图像是描述直线运动特性的重要方法，如何在教学中培养学生绘图、表述、解释速度—时间图像所反映的运动特性呢？

评议：教师引导学生描绘速度—时间图像，说明图像反映的运动特性，再由实验验证绘图的合理性，最后让学生交流讨论不同图像可描述哪些现实的运动，增强了学生用图像解释运动的意识，培养了运动观。

（3）培养相互作用观。明确力的作用是相互的，培养学生了解各种力，通过理论研究与实践检验，理解每种力的三要素，掌握借助法、整体法与隔离法等物理思想。

案例：力有三要素，洛伦兹力是磁场中重要的一种力，在《探究洛伦兹力》一课的教学中，如何帮助学生理解洛伦兹力的方向呢？

评议：教师运用物质观得出安培力与洛伦兹力的本质关系，接着引导学生掌握借助左手定则判断安培力方向来判断洛伦兹力方向的方法，知道洛伦兹力的方向与运动方向垂直，但与运动电荷的带电性质有关，明确洛伦兹力是一种具有独特性质的力。

（4）培养能量观。培养学生认识能量守恒定律是自然界的普遍规律，会应用这个规律寻找能量、确认能量，明确能量如何转化和转换，掌握守恒法等物理思想。

案例：电磁感应得到的感应电流，是机械能转化为电能的过程。怎样在教学中运用能量转化观解释呢？

评议：教师引导学生运用能量转化和守恒定律的观点来解释磁铁在A线圈上下振动的过程是机械能转化为电能的过程（生电），而磁铁又会在B线圈上下振动的过程是电能转化为机械能的过程（用电）。再概括用能量解释产生感应电流的三种实验现象，培养学生的能量观。

**2. 物理教学中学生科学思维的培养**

物理教学中，发展学生的科学思维能力是重要的教学目标之一。在教学中要让学生体会建构这些物理模型的思维方法，理解物理模型的适用条件，能建构相关的物理模型来研究实际问题。要引导学生经历物理概念的建构过程和物理规律的形成过程，是发展科学思维的重要途径。

（1）培养建构模型能力。建构模型是一种重要的科学思维方式，质点、点电荷、匀强电场等物理概念，匀变速直线运动、曲线运动、碰撞等物理过程都是物理模型。要引导学生体会“等效”的物理思想。

案例：曲线运动是一种物理模型。在《运动的合成与分解》一课中，如何开展曲线运动建模思维的培养呢？

评议：教师可选用的实验仪器（起吊机）原理简单、操作方便，呈现的实验过程紧扣教学内容，符合学生认知心理。教师能帮助学生建构相关的物理模型来研究实际问题，能让学生体会建构物理模型的思维方法"运动的平行四边形定则"，真正学会曲线运动模型的建构。

（2）培养科学推理能力。要结合物理学史的相关内容，让学生在观察、实验的基础上通过科学推理得到结论，认识物理实验与科学推理在物理学研究中的作用，在理论推导中要采用类比法，把已学知识迁移来解决新的问题。

案例：科学家洛伦兹发现磁场对运动电荷有力的作用，定义为洛伦兹力。安培发现磁场对电流有力的作用，定义为安培力。在学习洛伦兹力时，学生已学了计算安培力大小的公式，那么，在"探究洛伦兹力"一课教学中，如何帮助学生学会推理，得出计算洛伦兹力大小的公式？

评议：教师在引导学生进行理论推导时，教学思路清晰，板书设问准确，语言表达简洁，教学节奏流畅，不断引用前面实验探究得到的规律和已学知识引导学生寻找联系，确定新公式，提高推理能力。

（3）培养科学论证能力。在处理信息时，应让学生依照物理事实运用逻辑推理确立物理量之间的关系，发展依据证据、运用逻辑和现有知识进行科学论证和解释的能力。

案例：超重和失重跟加速度有关，如何用牛顿运动定律推导出超重和失重跟加速度的具体关系呢？

评议：教师把电梯升降过程超重和失重设计成"表格"，一步一步引导学生依照实验事实，应用牛顿运动定律和逻辑推理，确立支撑物体的力跟重力以及加速度的定量关系，并类比数学知识引入F-a图加以认识，拓展论证结果，培养学生的科学论证能力。

（4）培养质疑创新能力。"学起于思，思源于疑。"质疑常常是创新的开始。教学中要鼓励学生从生活中发现问题，从实验现象中提出问题，从事物的反面逆向思考问题。培养具有这些特质的人才有可能培养出创新型人才。

案例：在“运动的合成与分解”一课的实验探究中，学生如何从自身的研究找出错误并进行交代和提示?

评议：学生先用仪器做实验，通过对两个匀速直线运动的合运动的猜想、实验、作图，最后从理论上分析，发现自己猜想的匀速直线运动的合运动是“曲线运动”是不对的。

**3. 物理教学中学生科学探究能力的培养**

物理教学中学生科学探究能力的培养，应渗透在物理教学的整个过程。无论是物理知识的教学还是物理问题的解决，都要引导学生发现和提出问题，根据解决问题的需要，收集和选择有用信息，基于证据和逻辑对问题做出合理解释，培养学生具有准确表述问题解决过程与结果的意愿和能力。

（1）引导发现和提出问题。教师在一些物理实验中创设情境，让学生在观察和体验中有所发现、有所联想，萌发出科学问题；还可以在实验中创设一些任务，让学生在完成任务中运用科学思维，自己提炼出应探究的科学问题。

案例：如果让你上“超重和失重”一课，你会怎样创设情境问题，引发猜想?

评议：老师可以录制在电梯升降中体重计示数的变化视频，让学生分析。

（2）重视收集有效证据。让学生学会把探究课题分解为几个相对独立的小问题，思考解决每个问题的不同方法，根据现实条件选择适当的方法、器材开展实验，收集有效证据，概括实验结论。

案例：每个学习小组如何选择仪器分散寻找“产生感应电流的条件”？

评议：教师用比赛的方式来让学生自己选择仪器，设计实验方案，并进行交流，表述探究“磁生电”的不同方法，再书写在黑板上，成为后面概括“产生感应条件”的一系列证据。

（3）强调基于证据解释。要避免让学生按教材的既定步骤进行虚假“探究”，不应只把注意力集中在与探究假设相符的物理事实上，还需要观察和收集那些与预期结果相矛盾的信息。处理信息时应让学生依照物理事实运用逻辑推理确立物理量之间的关系，发展依靠证据、运用逻辑和现有知识进行科学论证和解释的能力。

案例：是不是只要穿过闭合回路的磁通量发生变化，就一定能产生感应电流？

评议：通过验证磁生电条件的“单铜环”实验的相关教学设计，培养学生的质疑意识和思辨能力。神奇的实验现象和相关解释使学生坚信，“只要穿过闭合回路的磁通量发生变化，回路中就一定会产生感应电流，只是或大或小而已”。这就好像“只要有力作用在物体上，物体就要发生形变，或大或小而已”。这里巧妙地渗透了类比法。

（4）学会交流和表达。关于科学探究的交流和表达，应引导学生从以下两个方面提高表达能力，一是交流内容的组织，包括问题的提出、探究方案的设计、数据收集和整理、结论的得出及解释、存在问题的反思等；二是陈述的形式，包括文字、表格、图像、公式、插图等，根据内容选择恰当的形式进行交流。

案例：决定洛伦兹力大小的因素有哪些？洛伦兹力与这些因素有什么关系？请学生交流讨论，共同制订实验方案，探究决定洛伦兹力大小的规律。

评议：为探究决定洛伦兹力大小的因素及关系，教师为学生提供交流的机会，让学生准备有条理的讲稿，进行准确和富有逻辑的发言，通过制订方案、设计表格，让学生在本校创新制造的仪器中定性探究出决定洛伦兹力大小的规律，学会交流和表达。

**4. 物理教学中学生科学态度与责任的培养**

物理教学中学生要通过物理学习认识科学的本质，认识科学、技术、社会、环境之间的联系，增强环境保护和可持续发展的意识，提升社会责任感。应通过增添联系生活和现代科技的教学内容，创设生动活泼的课堂氛围，激发学生的学习热情；通过适当的难度要求让学生获得成功的愉悦，从而保持旺盛的求知欲；尽可能为学生交流创造机会，发展学生的表达能力，让学生体验和享受合作的成果；引导学生在物理实验中如实记录并客观对待所获取的实验数据，遵循基本的学术道德规范。

（1）认识科学本质。教学中要给学生思考讨论的机会，让学生通过物理学习认识科学的本质；通过适当的难度要求让学生获得成功的愉悦，从而保持旺盛的求知欲；通过带有迷惑性的问题，让学生学会去伪存真，透过现象看本质的本领。

案例：前面介绍了“双磁铁振动”的现象，也介绍了“在电视机中弹音乐”的现象，这两个现象的科学本质是什么呢？

评议：课初引入是提出具有科学本质的悬念，课中围绕这个悬念探究得出物理规律，最后必须用这个物理规律来解释课初的悬念，揭示物理现象所包含的科学本质。

（2）提高科学态度。物理教学中要十分重视对学生科学态度的培养。实验能培养学生的科学态度和科学精神，教师应培养学生严肃认真对待实验的态度。尊重实验结果与事实，杜绝编造和修改实验数据，并把实事求是的作风带到平时的学习和生活中去。

案例：是不是只要闭合电路中的磁通量发生变化就能产生感应电流呢？

评议：实践是检验真理的唯一标准。我们在发现新的问题的时候，不能简单粗暴地做出否定，而是要以科学的态度寻找新的方法，最终确信“只要闭合电路中的磁通量发生变化就能产生感应电流”是正确的。

（3）增强社会责任感。物理教学中要十分重视对学生社会责任感的培养。通过摆事实，讲道理，帮助学生认识科学、技术、社会、环境之间的联系，增强学生环境保护和可持续发展的意识，提升其社会责任感。

案例：电动势结束语。

评议：教师在2分钟时间内充满热忱的爱国演讲，激发学生肩负中华民族伟大复兴的历史使命，增强社会责任感。

## 参考文献

［1］李祥.例谈基于物理核心素养提升的习题课教学：共点力平衡问题的教学片段［J］.物理教师，2017（8）：44–45.

［2］董国伟.新课改下高中物理课堂教学常见问题及对策分析［J］.新课程（中旬），2013（6）.

［3］张智拓.高三物理学习方法初探［J］.现代交际，2018（2）：27–28.

［4］杜玉龙.高三物理复习课的分层次教学模式探究［J］.西部素质教育，

2016，2（3）：180.
［5］林明华.高中物理核心素养的内涵与培养途径［J］.福建基础教育研究，2016，14（2）：115–126.
［6］俞国良.核心素养：为学生健康与幸福成长固本强基［J］.基础教育参考，2016，29（9）：79–84.
［7］钟启泉.中国课程改革：挑战与反思［J］.比较教育研究，2005（2）：15–23.

下

# 下篇

# 教海拾贝 以情育思

# 教育的旅程从良好心态开始

## ——读王金战老师的《学习哪有那么难》有感

工作二十年了，从一名山区教师到一名省名师培养对象，回首走过教坛的日子，在品味平凡又忙碌的同时，也常因学生的成功而感到幸福。工作久了，时常有职业的倦怠感，常常感到疲惫。最近，我拜读了王金战老师的著作《学习哪有那么难》，深有感触，她让我又一次重新审视教师这一职业。王金战老师认为教育的最终目的就是培养学生良好的心态，帮助学生成功，让学生成为更好的自己，我认为很有道理。

本书侧重从改变师生的心态来打造高效课堂，重点研究如何激励学生高效地学，教师如何有效地教。

### 一、为师者更应有好的心态

英国作家狄更斯说过，一个健全的心态，比一百种智慧都有力量。良好的心态是我们工作创新的动力，更是幸福的源泉。我认为一堂高效课应该是教师是充满激情的，学生是愉快学习的。

王金战老师告诉学生："我们无法选择生活中遇到的每件事，我们无法控制千军万马过独木桥的教育现实，无法选择父母、老师，无法选择生存的环境。但是我们完全可以选择一种心态。当你选择了一个积极的心态，许多事情就会出现自己都意想不到的变化。"书中有一句话很有道理：人与人之间只有很小的差异，但这种很小的差异造就了巨大的差距！很小的差异就是所具备的心态是积极的还是消极的，巨大的差距就是成功和失败。学生学习不见效、听课效率低，其原因往往是缺乏好的心态，缺少取得好成绩的信心。很多学生认为自己不是学习的料，对自己就放任自流；而教师往往也认为学生成绩差的主要原因是学生底子差，而且不努力。其实这主要是学生的学习心态出现了问题。要培养学生积极的心态，教师和学生双方都要为之努力，为师者更应有好的心态。教师积极健康的心态会给学生产生良好的示范作用。

教学中常有教师感慨：待遇这么低，我们这样努力付出学生也不一定会记得你。书中讲道："我们不要期望学生给我们一个什么样的回报，或是一定希望学生给我们一个什么样的感激。当你捧着一颗赤诚之心，去为你的学生服务的时候；当你怀着一颗关爱之心，去帮助你的学生的时候，我相信你的学生，会永远记挂你。但是这种记挂，不一定是跑到你面前，向你说一声感谢，因为学生会把对老师的感激，永远地珍藏在心中，这才是人生最珍贵的感情。"闲暇时，很多同事在一起往往都是抱怨教师的地位低，而很少有人真正去读书，去提升自己。因循守旧，不愿进行课堂改革，一不留神，十几年从教的日子也就稍纵即逝，毫无收获。作为教师只有用一颗平常心对待自己的工作，正确看待"太阳底下最光辉的职业"，我们才会有好的心态，教学上才会不断进步。

## 二、教学要留余地，成长要有空间

在从教的日子里，因为我爱我的学生，所以学生一直比较喜欢上我的课。看着学生崇拜的眼神，我讲课很投入，有时会占用四分之三节课的时间进行讲解，由于很投入总感觉自己会讲解得很透彻，学生也会掌握得很好。其实不然，教师讲课应该留有余地，这也正是王金战老师给我们的建议。王金战老师上课从来不拿教案，为什么？因为他备课非常充分，已经将要教给学生的知识记在了心里。这告诉我们课前一定要做足准备，明确一课一中心，课上要给学生讲清一条线索，厘清一个框架，突出一个重点，化解一个难题，出现一个亮点，这样，学生和教师才能一起高质量地完成教学任务。

"既然一个学生很难做到45分钟高度集中，那么老师就得保证在最短的时间内把最重要的东西讲深讲透，然后腾出一些时间来让学生互动，让学生练习做题，这样的课堂才是高效的。"如果教师"满堂灌"，一节课全是教师自言自语，中间没有互动，学生往往难以集中注意力，这样的课堂效率不可能高。

一堂课最重要的不是看教师讲了多少，而是看学生接受了多少。教师应该给学生以适当的空间，让学生适度自由成长。

## 三、教育过程需要不失时机“煽风点火”

有位哲人说过这样一句话，人生的路是漫长的，但关键的时候却很短，有时甚至只有几步。这转瞬即逝的刹那，却可能改变人的一生。有时一句看似不经意的话，却能在听者的心里激起涟漪，引发一系列意想不到的结果。王金战老师善于发现课堂上学生学习中的一些细节，并借助一句话、一个眼神、一个举动及时让学生拥有前进的动力，拥有一颗感恩之心。当学生感受到教师的爱与关怀时，当他怀着感恩之心去学习时，他就比旁人多了一份积极进取，多了一份鞭策与鼓励，相对应地，他也就更容易成功。一个人的一生，往往会因为一句话得到很大的改观，所以，从这个意义上讲，这也是当教师的一种责任，更是做教师的一门艺术。当教师的艺术往往就是润物细无声的一种行为。

课堂上我们要充分借助细节及时为教育教学“煽风点火”，营造良好的学习气氛。对学生的鼓励，有时候话不在多，一句就成。一句看似平常而又真诚的话语，对一个学生来说，可能是很大的精神力量。课堂上要尽量让每个学生感到自己重要，每个人都希望别人看重自己，尊重自己。如果让学生认识到自身的价值，那么学生焕发出来的学习积极性，其潜力将是巨大的，学生才会高质量地去完成学习任务。那么，我们如何让学生感到自己重要呢？王金战老师认为，优秀学生是鼓励出来的。课堂上一句真情实意、恰如其分的话语，能营造温馨快乐的学习气氛，给学生的心理产生强烈的冲击。我们回忆自己的人生历程会发现，有时别人的一句话就能改变我们的命运，让我们为之奋斗不息，温暖我们一辈子。

书犹药也，善读之可以医愚。王金战老师对待学生的态度、独特的育人方法、对学生敏锐的洞察力以及多年来积攒的丰富的教育教学经验深深地启迪了我，以良好的心态漫步在教育的旅途上。

——本文2016年12月发表于《中小学德育》

# 怀着诗心和匠心行走

## ——匆匆这些年

“凡是艺术家都须有一半是诗人，一半是匠人。”我想，朱光潜先生说的这句话同样适用于做教师的我。教师若无诗心，便难以感受教育的生动有趣；若无匠心，则难以出成绩、出成果。算起参加工作的日子，从一个充满激情的青年到不惑的中年，从一所山区的农村学校到县教研中心，整整有二十三年，但真正实现个人成长的应是参加省“百千万名师培养对象”的学习。自2015年首次培训，我深感自己差距的同时，也清醒地看到了自己成长的空间和努力的方向。四年来，我坚持不懈地学习，努力提升自己的专业素养，在引领全县物理教师专业成长的同时，也为全县教育的发展献计献策。

### 一、辛勤耕耘，锲而不舍

“事业的践行不仅在于目标的规划，更在于过程的落实；生活的美好不仅在于享有的丰富，更在于经历的丰富。”

回首四年多的研修，感触良多，收获满满。从第一次班主任的破冰之旅到中国台湾地区的游学、美国的创新教育学习、粤港澳大湾区的学习；从工作室组建时与导师的初次见面到互访完七位组员（七个地级市）；从自身的提升到三年的送教下乡，一路研修，一路实践，且行且思，个人的教育视野、理论素养得到了显著提升。2015年我还是一名普通教师，时至今日已成长为广东省正高级教师、特级教师和广东省新一轮名师工作室主持人。四年多的研修，我始终认真对待每一次的学习，在研修中虚心倾听、真诚交流，感受每一位专家的人格魅力，用心记好每一次讲座的内容，及时向理论导师和实践导师请教，认真上好每一节观摩课，积极与班上同学特别是本工作室的同学交流学习、互相鼓励、共同成长。

在工作中，我始终坚持学以致用，积极引领山区教师的专业成长，扎实创新山区教研模式，积极践行精准教研，坚持理论与实践相结合，追踪最新的教学成果和教学理念，促进理论学习研讨与教学实践探索的融合，真正实现在做中学、在学中做，扎实提升个人教育理论素养。四年来阅读了20多本教育教学书籍，如《核心素养引领下的物理教学》《走向核心素养的教学》《面向个体的教育》《山区教师突围》《重建教师的精神宇宙》《优秀教师的九项修炼》《巨人肩上的舞蹈》等，认真学习了名家理念、模式，边读边思，并做好读书札记。在实践中积极组织各类常规教研活动，走进课堂，指导教学，在交流研讨中提升自己和教师的教学技能。

2018年，我成为广东省名师工作室主持人，不仅引领工作室团队的专业发展，还承担了广东省物理骨干教师培养对象的跟岗任务。在工作室的管理中坚持“独行速、众行远”的理念，坚持团队的集体行走，将工作室当作一份事业来做，对教育理想执着追求，辛勤耕耘，锲而不舍。在我的引领下，一批山区的优秀年轻教师不仅自己在积极成长，也影响着更多的教师安于从教、乐于从教。

## 二、热心于教，潜心于研

回到工作中，我总是认真反思，努力前行。在学校，我始终充满对教育的热心，始终不敢放过一个知识难点，不敢忽略一个学生（教师）的一知半解，不敢平淡老套地讲授一堂课（讲座）。为了教好每个学生，我潜心钻研教材，精心设计教法，既注重学生科学素养的培养，也关注其人文素养的提升。在教学中不仅热心于教，还热心于研。工作中，我将教育目标定位在学生的终身发展和关键能力的养成上，特别是科学思维能力的培育上。在实施高中物理循环教学中，我倡导并实验“理蕴人文　以情诱思”的教学思想，通过“情境创设和人文情怀”去引导学生思考生活和自然现象，借以培养学生的良好思维品质，达到立德树人的教育目标。

2015年到县教研室做物理教研员后，我充分利用每次学习的机会来反思山区的教育。我县基础教育较差，我想如果用“三个常规”（常规目标、常规速度和常规方法）来搞教学教研，必会与其他地区的差距越来越大。所以根据我县实际，我提出了“低起点，高坡度”的教科研思维，探寻用科学的思维和方法获得高效的教育教学质量。注意从教学内容和教学方法上，加大改革力度，积极探索新形势下物理学习的最优化内容、途径和方法。2015年，我以建构主义理论和“自主、合作、探究”等学习理论为指导，确定并主持了广东省“十二五”规划课题“山区高中物理模型的构建与实践研究”，并在全县高中学校展开课题实践研究，在教学实践中寻求快速提升教学成绩的途径。通过三年多的实践研究，更新了教师的教学理论，提高了课堂教学效益。2016年申报了省百千万专项科研课题“高中生物理学科核心素养培养策略和评价研究”，两个省级课题均已结题。在两个课题的指导下，近年来我县学生的物理素养明显提升，物理教学质量大幅度提高。从2014年起，全县广州一模物理科成绩由全市垫底，分别上升为2015年的第6名、2016年的第5名和2017年的第3名。

为推进新课程改革，引领教师专业发展，我常深入学校调查研究、指导教学、送教下乡，与上课教师共同探讨优化课堂教学的方法，帮助教师提高教学水平和教学效率，为学校提高教学质量提出宝贵意见。每年坚持为教师上示范课，承担县（市）级以上专题教育教学指导报告、讲座，有计划、有成效地进行教师培训和具有中级以上职称教师的培养。2015年以来，发表论文14篇（核心期刊4篇），主持省级课题2个，累计共培训教师600多名，培养骨干教师18名。2015年指导东江中学教师参加“省首届物理青年教师教学创新大赛”获省一等奖；2016年指导东江中学蓝日光老师参加“全国信息技术与物理教学融合优质课大赛”荣获全国二等奖；2016年、2017年、2018年分别指导张坤尧、谢远青、杨海龙老师参加“河源市物理教学课大赛”均荣获市一等奖；2018年肖雁老师成长为南粤优秀教师。

## 三、躬身实践，为全县的教育发展献计献策

2015年，我成为名师培养对象以来，还兼任了东源县教育局教研室副主任，我不仅负责开展全县高中课题的研究工作，还通过“抓竞赛促教学”和

“高考备考指导”等常规性教研的项目，来使自己的教研全面发挥作用。例如，从2016年至今，全县3所高中就已申报立项县级课题30项、市级课题10项、省级课题5项。我不仅自己带领物理学科做好课题研究，还组织、落实、指导、督促其他学科做好课题研究。目前，全县教研氛围浓厚，一批年轻教师正在积极成长，在2016年、2017年、2018年全市青年教师解题大赛和教学技能大赛中，我县参赛教师总成绩均位列河源市第二名。在负责分管的全县高考备考指导工作中，我用策划学原理（以“目标”为起点，以“信息”为基础素材，围绕“创意”这个核心，展开思维活动与实践活动）指导全县高考备考。通过制订科学计划、现场听课评课、面对面的专题指导、统一测试评卷、多方收集和研究信息以及认真研讨上级的高考改革政策、方案等，使全县高考备考工作扎实认真，效果显著，全县高考成绩直线上升，2015年、2016年和2017年高考中本科线学生增长率均列全市第一位。

我想，教师虽是平凡的，但是教师从事的职业是富有创造性的，只有在变化中不断创新，自己的事业才会充满意义。四年来，不管是作为物理教师还是物理教研员，我始终坚持不断学习，用适合时代特征的教学理念去改变一些东西，重视培养学生的核心素养。回眸二十三年的山区教育之旅，一路走来，虽深感山区教师成长的艰难，但更多的是心存感恩，感谢一路的遇见，感谢一路上的美好，感谢华南师范大学和省厅的培养，让一直努力的我，始终怀着诗心和匠心行走在山区的教育旅途上。

# 教育的乡愁

## ——台湾地区教育的观察与思考

小时候，乡愁是一枚小小的邮票/我在这头，母亲在那头/长大后，乡愁是一张窄窄的船票/我在这头，新娘在那头/后来啊……乡愁是一湾浅浅的海峡……

——余光中

图1 台湾海峡

在人生的长河中，17天的台湾地区游学之旅不长也不短，能有这样一份体验，作为来自山区的我特别珍惜，一生难忘。台北（台北师大、永春高级中学、建国高级中学）—台中（卫道中学、中兴大学附属中学）—高雄（高雄师大、中正中学、福诚高中）—台南—宜兰（佛光大学）—台北，环台一周，我们参访了3所大学、6所中学，聆听了5场讲座，进行了9场交流，举办了1次论坛，还有5次同课异构，游学路上我们放慢脚步边实践边参与，且行且思，且思且行。从台湾地区教育主管部门林腾蛟次长的第一堂讲座到前教育主管部门负责人杨朝祥的最后结业典礼，从各种视角较全面地体验了台湾地区课堂的教学，了解了台湾地区的教育状态，感悟了台湾地区的教育思想。

一路上我们在品味台湾去功利化多元课程的育人功能时，也真切地感受到了台湾地区的人文风情。社区街道整洁干净，治安和谐有序，人民敬业爱岗、为人谦卑等都值得我们钦佩。与以往不同的是，这次与我们同行的戴老师和徐老师一路给我们以很大的启迪，戴老师传播正能量，徐老师示范日志美文，激发我们的学习动力，从两位老师身上我感受到了自己写作的差距，也从两位老师身上学到并开阔了写作思路。在感悟台湾先进教育理念的同时，也深深地思考着怎样提升我们落后地区的教育。

图2　参访卫道中学

## 一、偏乡弱势学校能翻转吗——台湾地区教育的顶层设计带给我们的思考

台湾地区教育主管部门林腾蛟次长的讲座提到目前教育的大环境：权力下放，提升教师待遇，让教师自下而上自主改变，教育实验体验多元选择，偏乡弱势翻转教育非常关键。他提出了五大理念：有教无类、因材施教、适性扬才、多元选路、优质衔接。2014年实施实验教育，使教育多元化，家长有更大的选择权。台湾地区施教的重点是落实适性发展的十二年基础教育、培育务实致用的技职达人、发展创造价值的高等教育、营造安全永续的友善校园、培育尊重多元的专业教师、培养学生的前瞻应用能力、保障偏乡弱势学生的权益、强化多元族群的教育发展、促进多元创新的青年发展、建构公共多元的终身教育、培育宏观视野的国际人才、打造全民活力的运动竞技。这些很值得我们学习。

台湾地区共有小学、中学3382所，学生不超过100人的有1302所，占38.5%，这点与大陆目前城镇化发展相似。在大陆欠发达地区，有很多“麻雀”学校，功能场所、教育环境落后，与发达地区的差距在逐步拉大。

林次长在讲座上说的“所有的政策如果不能落实到课堂都是空的”这句话很有道理。大陆2004年课改至今，很多地方的选修课程一直都没有落实。现在新课程改革再次启动，要落实到“最后一公里”则显得更加任重而道远。通过聆听林次长的讲座，我们看到了台湾地区教育的优质均衡发展，了解了台湾地区学校先进的教育理念、先进的管理模式、务实的课程改革、翻转偏乡弱势教育。而这些也是我们努力的方向。目前北上广等发达地区的教育在硬件和软件上都不落后于台湾地区，但是我们要努力落实以“师生”为本的理念，淡化学校的行政权力，还校园育人的宁静环境，还有一些路要走，因为只有宁静才能致远。同时，在大陆欠发达地区还有很多弱势学校，育人环境、硬件设施、师资水平急需很大的提高，与发达地区存在很大的差距。偏乡弱势地区教育如何翻转？能否翻转？这也许是个世界难题和世纪难题。山区学生的出路在哪？是成为务实致用的技职达人还是成为前沿创新研发人才？由于欠发达地区的教育相对落后，对山区学生的成长是不公平的。十二年的教育，山区学生的视野远远落后于发达地区，只有切实保障和提升偏乡弱势地区的师生权益，翻转偏乡弱势地区的教育才有可能。

## 二、两岸常规教学的对比与启示——理念指引行为

### 1. 教育管理的对比

在研修中有几个话题大家颇为关注：台湾地区学校高度重视教师的自主权，教师的教学行为没有统一的要求，教师的教学效果也基本不进行评价，更与工资薪酬无关，那么，教师的教学质量如何保证？靠什么管理？我想这一方面是因为台湾地区教师的地位相对较高，愿意主动成长；另一方面是与台湾地区当局领导人的专业引领构建学术权威，淡化行政干预有很大的关系。

台湾地区高中学校行政处室一般分为校长室、教务处、学务处、辅导室、图书馆等。从行政机构来看，大陆比较精简；从行政职能看，台湾地区更加专一，突出以人为本，同时蕴含着不同的教育管理理念。例如，学校校长只有一人（下设校长助理），没有副校长。特别是校长的专业能力，低调务实的作风很值得学习。我们每到一处，不管是教育主管部门或前教育主管部门负责人，还是各校的校长都给我们做了一次讲座，他们特别重视学术引领，让教师主动

成长。相比而言，大陆的教育机构和很多学校的校长专业学术引领不够，很多工作是靠行政权威执行的，比如日常的教学教研工作与教师的专业发展都侧重于自上而下的指导，学生、教师处在被动的发展状态，导致很多工作不能落实到位。所以，特别是偏乡弱势地区的教育行政部门和学校的校长更要加强专业学术引领，弱化行政干预。

台湾地区学校在学校管理方面还有另外一个不同，那就是他们的家委会的作用比较大。我们了解到，很多校长无能为力的事情家委会可以解决，甚至家委会可以到立法院去为学校谋求权益。而我们大陆学校的家委会有点像摆设，没有充分发挥家校联合教育的功能。在这一点上也急需社会、家庭的参与，为学校争取更大的宽松的育人空间，为我们校长静心治校、弱化行政干预提供保障。

**2. 课堂教学的对比**

从课堂容量来看，不管是在永春高级中学的课堂观摩还是在卫道高级中学的同课异构，大家都有一个非常明显的体会，那就是台湾地区理科学科的课堂容量远比大陆大得多，难度也大得多，教师一节课所传授的内容，几乎相当于大陆教材2—3个课时（或章节）的知识容量，其中不少知识对于大陆的高中学生而言属于大学阶段才需要进行学习的内容，也有一部分知识是只有在参加学科奥赛的专题培训课堂中才会有所接触学习的。即使是华南师范大学附属中学、深圳中学这些广东地区顶尖学校的学生，要在一节课内消化、理解如此大容量和高难度的知识内容也是非常吃力的。以至于一位教师在听课后分析说，台湾地区学生课后普遍都参加校外补习班，其中一个关键原因，可能是课上来不及消化，只能通过课后的补习进行理解梳理。

一直以来，国内外的很多有识之士对中国大陆教育的一个基本评价，是内容过多、难度偏大，当前课程与教学改革的一个总体思路，也是适度删减教材内容，适度降低学生的学习难度，但与台湾地区的课堂相比，似乎又让我们有另外一番思考——虽然知识容量大、难度大，但台湾学生的课堂专注度总体而言是比较高的（心理学也认为，适度大容量、快节奏的学习，有利于提高学生的学习紧张度和专注度），大部分学生似乎也能接受老师所传授的内容，而在大陆，我们课堂的学习氛围似乎还有很多不尽如人意的地方，这不得不让我们思考——当前我们的教学困境，是因为容量过多、难度过大引起的，还是因为节奏过慢、讲解过细（过繁）导致的？

从教学方式来看，通过对台湾地区6所中学的课堂观察，让大家比较“失望”的一个现象，是“一言堂”“满堂灌”同样充斥台湾的课堂，传统式的教学似乎仍是台湾教师非常普遍的课堂教学形式，虽然台湾也在强调教学要以学生为主并积极推进课堂的翻转教学，但实际课堂却鲜见师生间的互动研讨。以笔者所听到一节物理课为例，在近50分钟的教学里，教师几乎没有任何的“留白”时间给学生进行思考和讨论，全程只点名提问了一个学生，其余时间师生间也几乎是零互动，学生正襟危坐，安静听讲，全程没有主动提出任何问题或与老师和同学进行讨论。相对于大陆课堂上教师与学生之间的频繁互动，这样安静、单一、枯燥的课堂氛围无疑让大家大失所望。

两相比较，也让我们有两点启发，一是传统式的“满堂灌”教学，不是大陆独有的教学现象，也是台湾地区甚至是亚洲地区普遍存在的现象，当我们在极力反对这种教学模式的同时，可曾思考过它存在的合理性和必要性？二是对于大陆当前的教学现状，虽然仍然抨击强烈，但纵观课改十年以来，我们的课堂确实发生了实实在在的巨大的改变和改善，甚至我们可能已经跑在了台湾地区的前面——当前大陆的教育改革也有很多值得台湾地区的教师学习借鉴的地方——用更大的时间宽度看待两岸的教学改革成效，我们应有欣慰和自信的理由。

**3. 核心素养与课堂教学的思考**

台湾地区教育核心素养的提出比我们更早，但是通过常规课堂的观察，在实际教学中很多教师缺乏对核心素养的渗透，那么是否在选修课程中更好地体现核心素养的培养？可惜这次台湾教育之旅没有在一所学校“潜伏”几天，去更多地观摩体验他们的常规课程和选修课程。这也启发我们，现在《中国学生发展核心素养》总体框架已经公布了，综合表现为人文底蕴、科学精神、学会学习、健康生活、责任担当、实践创新六大素养，具体细化为国家认同等十八个基本要点。而如何在常规课堂中落实这些核心素养的培养，这关系着各个学科核心素养的制定与公布。虽然学科核心素养有很大的争议，但是如果没有学科的核心素养明确地界定，课堂中更难落实核心素养的培养。这也可能导致课改与实际教学“两张皮”的现象。所以我们的新一轮课改要充分贯彻落实到常规教学中。

## 三、台湾地区高中课程建设与特色发展——巧妙整合，彰显融合之美

台湾地区的学校都在积极实践“课程统整”，不管是学科分层整合还是跨域整合，都做得比较好。以物理学科的分层整合为例，台湾地区高一物理教材类似于初高中衔接，但融入了更多的科技前沿元素，高一学生物理课时少，每周只有两节。高二、高三使用更高版的教材，初步向大学过渡，这一点大陆有的学校也在做，但可能没有台湾地区普及。这也说明发展创造价值的高等教育、培养学生的前瞻应用能力，我们还需要更多的努力和推广。

我们从北到南，6所学校都为我们呈现了极富校本特色、精彩多元的跨域整合课程，它们巧妙地联系真实世界，融教与学为一个有机整体：一方面是注重从学生的生活背景、社会发展的现实状况等方面对教材加以拓展和补充，或使之延伸，充分利用社区资源、网络资源等；另一方面是整合人力资源，教师不再是独立的工作者，而是在与学生、其他教师、高校学科专家和课程专家的合作中更好地理解课程计划，并参与完成课程计划。同时在跨学科整合的教学过程中，学生的开放性的分析和论证、批判性的阅读和写作能力得到不断强化。

台湾地区强调课程内容与社会和科技发展以及学生生活的适应性，将学科知识和学生生活整合，把人与自然、人与社会、人与文化、人与自我等作为选择和组织课程内容的主题，引导学生对自然、社会、文化、自我进行深层次的反思。从我们参访的6所中学可以窥见台湾地区课程整合孕育的一些基本理念和做法，这些理念和做法不仅是一个发展的过程，更是一个逐步实现的过程。台湾地区课程统整的出发点在于要处理好减轻学生负担与培养学生能力之间的关系，以及其他社会发展在教育中折射出的问题，使课程更具有生活意义和现实性。

课程统整方面，大陆不乏理论研究，部分省市及个别学校也开展了“课程统整”的实验，但总体而言，目前尚处于起步和探索阶段。这次学习考察开阔了视野，给了我们许多启迪，值得深思与借鉴。考察课程统整发展史，可以清楚地发现，课程统整没有固定的模式，它是一个多样化的实践世界。课程统整

的终极目标就是由学生自己去整合，课程内容不再是对学生的束缚，而是学生自由、和谐、全面发展的“土壤和养料”。

怎样统整课程？借鉴台湾地区课程统整可以归纳如下：①关注学生终身发展的内在需要，着眼于“适性扬才”是课程统整的根本价值追求；②人们生活的真实世界的整体性是课程统整的根本依据；③课程统整是与课程分化相对应并相互包含的课程设计方式；④跨域统整形式以学科知识与生活的统整为主。

跨域统整课程的研发与实施的主要关注因素：①基于问题解决；②基于学校特点与本地文化特色；③各学科的综合载体；④相关概念间的关联；⑤主题单元的组织；⑥学习资源整合；⑦活动项目设计；⑧灵活的课程安排；⑨多样化的学习方式。

学生选择适合自己的课程，实现课程的社会价值和个体价值的统整，实现学科知识、文化、经验、个性等的全面统整。这是课程的理想状态，还有待我们进一步地研究和实践。

## 四、在游学路上感受台湾的别样美景

### 1. 多元的佛教文化

在半个多月的行程里，我们到访了台中的卫道中学（顶级私立学校）和佛光大学，它们都是佛教协会创办的私立学校，我们感受到浓浓的多元校园文化。同时我们也感受到了佛光寺（一所顶级的佛陀纪念馆）的雄伟壮观，佛陀像的肃穆庄严和气势恢宏。在佛光寺接待我们的法师以“寺院就是学校，我们都是从事教育的”开场，一下子拉近了我们与佛教的距离。法师用影片、文字、语言、梵音向学员们介绍了星云大师所倡导的人间佛教的含义、弘扬佛法的作法、自己修行中的感悟，整个过程法师笑容满面，从容不迫，学员凝神倾听，涤荡心灵。两个小时的参访，不仅使学员们领略了佛法的精妙，让心灵经受了一次洗礼，更重要的是让大家通过另一扇门，看到了台湾教育的精要，感悟了教育的真谛。

教育与宽容。法师在讲法过程中特别强调了宽容。世人经历不同、信仰不同、思想观念不同，人间佛教弘扬佛法尊重每个人，能接纳每个人，来去自由，不悲不喜。这就像受教育的学生，每个人都独一无二，有的愚钝、有的聪颖，有的乖巧、有的顽皮，有的勇敢、有的懦弱，教师应该用宽容的心态接纳他们，教育标准不必强求统一，教育过程也不能一蹴而就。

图3　物理工作室合影

教育与手段。星云大师弘扬佛教有两大突破，一是提出人间佛教，使佛教由山林走向世人；二是拓展了宣扬佛教的途径，文学、艺术、建筑、饮食、购物都成为弘扬佛教的载体，将佛教融入生活，突破了世人与佛教之间的隔阂。与之类似，学校教育一样应拓展教育的途径和手段，融于学生的生活，应让学生易于接受、乐于接受，学校和教师必须吸引学生走进课堂才能更好地实现教育目标，课程和教育手段的多样化正是台湾地区教育的突出特征。台湾地区的教育除知识、能力外，特别重视责任、服务意识的培养，教师、家长乃至整个社会的功利意识远不像大陆这么强，教师工作不只是赚钱的手段，更是个人社会价值的实现途径。如果可以理解很多人会利用假期做义工，当然就很容易理解教师为什么会利用假期无偿开设选修课；如果家庭、学校、教师、学生彼此相互信任，彼此之间的关系自然就比较和谐，而诚信、责任、服务是佛教和学校共同的价值追求。

如黄牧航副院长所说："省百千万台湾考察团一行，问法佛陀，找对了地方。"教育应回归初心，少些功利。"大陆的教育应当慢下来。"由此想到了佛光山佛陀纪念馆驻馆文学家、诺贝尔文学奖获得者莫言的一首诗："赤脚接地气，素心近佛陀；开船度众生，日巡一千河。"教师当如佛陀一样，以一点素心，度化众人。

**2. 游学路上的人文情怀**

这次的台湾地区之行给我的感受是人民很热情，很有礼貌，不管是与陌生人初次见面也好，还是一起相处15天的青春阳光导游汉哥、稳重内向的司机基城大哥和帅气儒雅的项目经理宗谚，都给我们留下了难忘的印象。

导游汉哥青春阳光，是个暖男。他的热忱，他的敬业，一路上给我们留下了很深的印象。我们的司机黄基城大哥，是一个默默无闻的奉献者，绕台环行这一路，跟帅气的导游汉哥一样，也给我们带来太多的温暖与感动。有时候真的很诧异，我们平时在网络上、媒体上见到的，似乎台湾地区社会处处是一片政治乱象，处处都是罪恶横行，可是，在这半个月里，我们一路走来，却处处看到的是宁静祥和与美丽的风景，处处遇到的都是好人。

有一句话叫"台湾地区最美的风景是人"，是的，司机黄大哥就是我们这次遇到的"最美的风景线"之一。黄大哥跟我们年龄相仿，身材高大魁梧，长得黑而壮实。给我们的印象，他除了跟大家嘘寒问暖外，似乎极少言语，极少主动地跟大家攀谈家常，却总是像一颗钉子一样稳稳地钉在他的工作岗位上，钉在他的方向盘上。正是这样一个貌似最不起眼的人，却掌握与决定着我们一团人半个月来最重要的行进方向，以自己默默无闻的行动支撑与保障着我们整个行程顺利流畅地运转。这就是一种最实在却又最高尚的敬业精神。真诚地向黄大哥这样实在而又敬业的台湾好人致敬。

**3. 游学路上的风光美景**

绕台一周2000多千米的车程中，我们不仅严肃认真地品味了一段曾经烽火连天的岁月，也在"快乐的大巴"中领略了沿途的风景。

17天的旅程中我们在车上观看了一些历史影片，回顾了中国近代史上的重要人物及那段令人痛心的历史。虽然战争离我们而去，但这段历史却深刻地影响着我们。

游学路上的美景。去往台中时就想到了日月潭，儿时的记忆仿佛就在眼前："日月潭是我国台湾地区最大的一个湖，日月潭很深，湖水碧绿。湖中有个美丽的小岛……"在去往台南的路上，感受到了阿里山的壮美："高山长青、涧水常蓝，阿里山的姑娘美如水，碧水常围着青山转……"从台南回往台北的路上，我们穿越了北回归线，行走在台东弯曲险美的沿海公路上，一路盘旋，一路美景，尽情地领略太平洋的浩美和壮阔，一边是险峻的高山，一边是波澜壮阔的碧绿大海。同时，一路上给我们印象很深的是从台北往台中的高速路上的服务区。从台北到台中先后经过了湖口和清水两个服务区，特别是清水服务区，不仅提供饮食、停车、加油等服务，还设有幸福天空，里面有情人步道、幸福钟、户外用餐区、观景台等，整个服务区就像一个大公园，同学们都非常感慨服务区的文化。我想旅途中人不仅可以在这里增加很多生活情趣，说不一定还会发生一些浪漫的故事。

## 五、思考与展望——翻转偏乡弱势教育，路在何方

我们在每一所学校待的时间不长，对学校文化的了解还只是走马观花，来不及深入校园的每一个角落细细地体会和学习。台湾最美的风景是人，我们可以从我们的导游和司机大哥身上及与台湾地区民众接触上体会到，但是对台湾的名人文化还是没有接触，传说中的眷村也没有去体会。人生总是充满遗憾的，或许这些遗憾可以留到下次开启新的台湾之旅。

17天的行程我们主要参观了台湾地区最好的中学，从他们的课堂和课程建设中我们学到很多，给了我们很大的启示。作为来自欠发达地区的我，更要好好努力学习，既要消化吸收，更要创新落实。但是我们没有到偏乡弱势学校走一走，看一看，没有体会到欠发达地区的教育状况及带给我们另外的启示。一直以来，我都在思考，偏乡弱势学校的教育能翻转吗？如大陆的几所欠发达地区的名校衡水中学和毛坦厂中学，它们有很好的升学成绩，但被外界称为“考试工厂”，或许这些学校的特色课程建设要大大加强。但在当前农村背景的条件下，既想高考成绩优秀，又想要特色课程丰富，还真的有很长很长的路要走。农村学生的优势在哪里？奋斗的出路在哪里？

就当前农村学校教育来看，农村教育不仅在资源和条件（如硬件和师资）上存在严重问题，更重要的是在价值领域面临严重的信仰危机，可以说，是价值的贫乏与资源的匮乏并存，这些我们或许可以从台湾的传统文化的继承与多元文化的包容中得到一些启示。比如，农村学校虽身处农村，却与农村没有关联，学生接受着一套与农村完全没有关系的教育，无论是教育的目的还是教育的体系、课程和教材，都没有真正体现农村教育的特点，起码与城市学生在所

接受教育的形式上是没有两样的。又如，农村教师没有乡村意识，他们的身份大都可能是城市的，白天在农村教书，晚上开着车回到城市。农村学校已经成为乡村中孤立的“城堡”，农村学生向往城市，在他们所接受的教育中，没有得到对自己及对所处环境的肯定。农村学校的处境完全与乡村世界相割裂，尽管身处乡村，却体验不到乡村的教育和生活。农民的儿子不仅不是乡村文明的守护者，反而是乡村文明的埋葬者。他们在生活上拒绝乡村，在精神上缺少乡村认同感，在尊严上没有乡村自信。校园的围墙不仅是物理性的，更是精神性的，城市的标准和信仰打造着这堵“墙”的根基。由此，农村教育不仅是物质保障方面的问题，更应去探讨隐藏在显性因素后面的价值与资源的设计和重建问题。从这次台湾地区之行，我们也感受到一些优秀的传统文化在台湾地区传承得比较好，这些传统文化对当今价值和信仰的重构还是有一些启示的，我们急需从现实的功利化的教育转向真正的立德树人的教育。所以，偏乡弱势教育任重而道远，更值得大家去关注和落实。

17天的游学虽有点累，但大家在旅程中平添了不少欢声笑语，增进了了解，融洽了感情。宝岛台湾，那个曾经遥远而陌生的地方，现在回想起来已在我们的心中变得真真切切而不能忘怀，一切都历历在目。是啊，人生就是一段段旅程，我们不仅关注目的地，更留恋沿途的风景，有的风景随风而过，有的风景令人刻骨铭心。我想若干年后，我们回首一起走过的这一段旅程定会温暖一辈子。

**图4　与导游分别**

# 异域前行——探寻远方和诗

一部名叫《极有可能成功》的影片，记录了一所美国创新型学校高科技高中。在这里，学习不受任何师资、时间和教科书的限制，学生会忙于自己的项目。最终，该校以98%的大学录取率得到社会和家长的认可。在随后17年间，成功复制了其他13所类似的学校。为什么高科技高中在美国可以成功？

三毛说：“我来不及认真地年轻，只能选择认真地老去。”人过中年，慢慢明白，旅行是深情的阅读，读书是便宜的旅行。旅行和读书似乎都不应该少。转眼间，2017年已接近尾声，回首这一年的时光，发生了很多或大或小的事，但夜深人静时想起的还是赴美的研修之行。

图1　名教师团合影

2017年11月25日至12月16日，我到美国参加了为期三周的教育培训。21天的行程安排得满满当当，既有哥伦比亚大学学院式的高端讲座，也有中小学校课堂教学现场的亲历体验，还有康涅狄格州校长培训中心的学校管理者的讲座研讨。每天奔走穿梭于美国的校园间，其先进的教育理念、完备的教育服务制度、丰富的教育资源，让我们羡慕不已，也深受启发。导师团的引领和敬业、大巴上的歌声与笑语、校园内急急而行的脚步、时差和旅途的劳顿……回到家中，深夜依然常常忆起。这就是远方和诗吗？

忘不了我们的团长黄院长及郑老师的精心设计和全力指导带给我们的深深感动，忘不了睿智儒雅的彭老师和率真博学的程老师留给我们的满满收获，忘不了敬业稳重的大巴车司机的人生分享，忘不了各位同学在专业之路上的引领和启示。

虽然那个曾经清晰的远方慢慢地远去，而在记忆最深处始终挥之不去、经常想起的还是那位美国黑人小男孩儿。那是我们12月1日参访东哈特福德的Glastonbury磁石学校，一个美国6岁的黑人小男孩儿看见我们从教室窗前经过，偷偷地溜出来一边说你好，一边与我们一一握手，好似一个外交官。看着小男孩儿那种淡定、从容、自信的表情，我们似乎看到了一个未来外交官的形象，也进一步触发了我对教育的思考：我们的教育应该关注什么？我们的教育的理想是什么？

## 美国的中学

### 一、多样的办学方式，利于适性扬才

研修期间，我们参访了10多所学校。美国的校园硬件建设很好，各种多功能场所齐全，特别是选修走班已经很成熟，很多学校基本上从小学四年级开始就实行走班，学校的各种配套设施很完善。采用小班授课是美国课堂的一大特色。每个班的人数一般不超过26人，超过20人以上的班就算是“大班”了。教室内也没有高人一等的讲台，师生关系融洽、平等，有种“散而不乱”的感觉。

美国办学模式灵活，以社区管理为模式。社区均有小学、初中、高中、职教、特教、特许、磁石学校。公立学校占88%，以保障每一个适龄

孩子都能接受教育。另外是由社团组织（如教会）等建立的私立学校，占9%，以给家长提供选择的机会。还有3%的其他教育形式，例如家长自己对孩子进行教育。州政府为了解决就近入学带来的种族隔阂，还允许“特许学校”和“磁石学校”的存在。那些家长意见大、办学僵化、成绩较差的学校，可以委托由州政府认定的合格的教育机构、商业组织进行管理而成为“特许学校”。特许学校往往侧重于某个专业，有自己的优势学科和办学主线，某一方面成绩突出。“磁石学校”教育质量较高，随机抽签决定生源。

图2　与美国师生交流

## 二、灵活的教学方式触发真正的学习

### （一）STEM课程（现象教学法）助力学生核心素养的提升

美国开展STEM课程有十多年的经历了，目前教学方法很成熟。该课程旨在融合科学、技术、数学相关课程。通过融合课程，相互配合，发展学生的创新能力。采用STEM教学设计，即课堂围绕现象、问题来展开，并运用现象教学策略进行。现象教学策略实施流程一般为：理论学习—实践操作—小组辅导—项目竞赛。

值得学习的是，从现象教学入手激发学生的学习兴趣，通过辅助情境、激发学生思考，提高学生的思维能力和解决问题的能力是我们努力的方向，也是培养学生批评精神和创新能力的重要途径。但是国内班级人数过多，选拔人才和评价方式的单一性、复杂性，对我们开设该课程提出了挑战。但这种理念应是我们努力实践的方向。

图3 STEM课堂

## （二）提问互动、激疑生惑

一堂课后，学生没有提问题，会认为学生掌握得很好，这样的课也往往认为是好课。但在美国课堂，学生没有问题反而成了问题。课堂上学生喜欢提问题，给我们留下了很深的印象，有时即使是他们提出的问题与教学无关，教师也会给予肯定。这与我国学校的讲授方式很不同。不管是听讲座还是私下的交流，大多数情况下在讲一段内容后，便开始提问。每次参访学校，简短的欢迎仪式后也会安排提问环节，就连接待我们的学生，每带我们参观完一处学校设施之后，也会来一句“questions（回答问题）”。提问的确成了美国人交流中的重要内容。难怪这个社会中，个性化十足，却又规则感极强的“问”与“答”成了人与人之间极其重要的交流方式。

我也一直在思考：提问到底有什么好处？我想提出一个好的问题比解决一个问题更重要，要提出一个好问题，必须认真去思考，提问突出了主动意识，强调了对“听者”的尊重。提问突出了人的发展核心素养：主动学习、合作交流。问题是学习的重要环节，也是发展批评性思维的重要过程。教育的目的是人的发展，每一个学生都有思考能力和发展要求。教育要做的就是保护这种思考和选择的权利，发展这种思考和选择的能力，帮助他们保持对世界的好奇，对未来的希望，对幸福的追求。

图4　学生提问

我国从基础教育开始，就应强调问题意识，从以前关注释疑解惑向关注激疑生惑转变，让学生在更多的思考的基础上提出问题是关键。教学中，关注作为问题解决型学习任务的真实情境创设，是我们课堂教学改革的方向。

## 三、注重校园人文，培养适合社会的人

### （一）校园文化，凝聚师生的智慧

笔者对美国教室文化从硬件环境、规则系统和教学氛围三个角度进行了初步分析，认为美国教室文化呈现共生、共存和共融的特征，三者相辅相成，构筑了美国教室的物理环境、制度文化和精神文化。共生、共存和共融的特征与美国教育的核心价值观如民主自由、公平正义、个人主义、契约精神相吻合，另外，学校的共同价值观，教师个人的个性气质、专业教育背景、审美取向在教室文化的构筑方面也不容忽视。

#### 1. 物理环境的布置

由于美国实行走班制教学，教师的工作场所与办公场所并存。每一间教室都可以分为办公区和教学区两部分，学生的教学区为主体部分，教师的办公区位于教室的一角，教师的个人及教学用品摆放在内。

美国的教室看起来就像中国的实验室与讲习室的综合。紧靠教室墙都摆放有连在一起的很宽的实验台，实验台上放置着常用教具和一些基本仪器。墙上一般还设置有用于放置书籍、资料等的壁橱，里面放满了供学生课堂活动用的

道具。教室中心摆放着课桌和椅子，桌椅以组为单位摆放在一起，不分先后。教室都装备有现代化的教学设备。教师的办公桌坐落在教室的一侧，课室往往也是教师的学科室。

图5 教室文化

图6 教室一角

**2. 教室的设计体现了一种文化**

教室环境对于促进教室文化建设具有不可替代的重要作用。赴美研修对美国教室文化的构建体会颇深。一个好的场景会给学生留下极深刻的印象。学生活动有各种各样的形式，这也需要静态的教室文化予以有效动态的配合。从观摩的物理课分析，仅仅座位设计就会根据学习内容的不同而不同。科学课程有时需要听讲，有时需要实验，这两者怎样合为一体？社会研究、英语课堂需要大量的交流、合作学习活动，艺术课、职业教育课不用说，就是文化类课程如英语、数学、科学、社会研究教室的座位，也是随时根据活动需要进行改变的。教室座位设计本身也是教室文化的组成部分，而根据学习内容的不同，除了学生可以随时移动拼组外，教室的桌椅也是可以随时更改的，形式非常多。

教室也是展示学生创造成果的地方。特别是艺术（绘画、手工制作、陶艺、照相等）教室、职业教育（工程、木工、照相、制图等）教室内到处是学生的创造展示，显示出学生创造的潜力。更多的展示则是学生的作业，特别是"Project"作业，几乎常年不断。每个教室周围都摆出大量的学生作业展板、贴画，有的还有学生写的"书""集册"。

**3. 校园文化**

很多学校的走廊设有"Pride""Honor""Wall of Frame（荣誉墙）""Verify Each（自我证明）"等展示各种成功与荣誉的地方，有的是本校历史上的优秀人才，有的是近年来的获奖者，有的是大学的录取通知，更多的是本届学生的好成绩（SAT、ACT高分名单）。呈现方式有照片、图片、名单等，也有采用各种艺术构图、卡通画方式给出。

无论哪类学校，美国的教室都有一种特别的氛围，或者说是"校园文化"，在美国中小学的每一个校园、教室里，你都可以找到大量带有"Dream"的单词。这些"Dream"每天伴随学生、激励学生、鼓舞学生、提醒学生：激发学生想象，设计美好的未来；引导学生思考，改变现实的世界；培养学生自信，改变自我的观念。这样潜移默化，熏陶渐染，学生将终身受益。

美国心理学家海姆基诺特博士说："我惶恐地意识到，我成了教室里的一个决定因素。我个人的方法可以创造出教室里的情景，我个人的气氛也可以左右教室里的气氛。作为一位教师，我拥有巨大的力量让孩子们过得痛苦或者欢乐。我可以成为折磨孩子的工具，也可以成为鼓舞孩子的火花。我可以带给他们羞辱或者开心，也可以带给他们伤害或者拯救。在所有的情况下，一次危机是骤然升级还是逐步化解，一个孩子是获得进步还是日益堕落，我的态度都有着重要的影响。"

因此，教师必须不断地学习，使自己有能力成为学生卓越的引导者，有能力欣赏每一位学生，欣赏学生的单纯幼稚，欣赏学生的特立独行，欣赏学生富于幻想、别出心裁的创新。

**（二）艺术教育，让每个孩子拥有一颗纯真的向往艺术的心**

在美国，从小学到高中，主要课程有英语、数学、科学、社会学、体育、音乐、美术。其中科学是一门集物理、化学、生物、地球学等学科于一体的综合课程，社会学也是一门集地理、历史、经济学、宪法及公民的权利与义务等课程于一体的综合课程。

我们在康涅狄格州校长培训中心听了罗斯老师关于艺术方面的讲座“BEYOND THE BASICS”。讲座提到，美国的艺术教育在提出以“学科为基础”的发展方式以后，为了更进一步地加快规范化、系统化，于1994年运用立法程序通过了《美国教育法》，并首次将艺术法定为国家教育目标所列“核心学科”之一，规定艺术学科同其他学科一样，也要制定相应的国家标准，并一并纳入“国家教育进步评估”体系中。这充分地体现了美国政府对艺术教育的高度重视，同时也加快了艺术教育规范化和系统化的进程。其后一系列相关法律及标准相继出台，如《教育法》《艺术教育国家标准》都证明了美国艺术教育正在步入规范化和系统化，同时也表明美国政府对艺术教育也做到了从观念层面的重视转变到具体保障措施的出台。美国艺术教育国家标准包含音乐、视觉艺术、舞蹈、戏剧四门学科。这四门学科的课程标准由具有代表性的国家艺术组织来完成标准的编写。

艺术与我们的生活息息相关，在生活中我们时时刻刻都被艺术包围着。没有艺术的教育是不完整的教育。一个人如果不能发现美、体验美，那么在他的世界里总是缺少些什么。因此，从教育的角度来讲，我们应该培养学生发现美、欣赏美、体验美的能力。从人的全面培养角度出发，不是培养学习的工具和工作的工具，我们培养的是健全发展的人，因此缺少不了对学生审美能力的培养。从我国的现状来看，艺术课程在一些城市学校开展得还是比较完善的，每个学校也能够按照教学计划和规定来完成教学任务，但也有在某些情况下艺术课程的教学时间被其他课程所占用的现象。而在一些农村的学校，还没有专业教师。有的艺术课教师可能会充分开发当地的艺术资源，利用现有的艺术资源来让学生受到艺术的熏陶，但这种情况也是少数。大多数教师还是把每堂课上成学支歌、画幅画就草草了事，不开动脑筋，不充分利用现有的教学条件使每一堂艺术课上得生动、丰富、精彩。

要想艺术教育更好地发挥作用，更好地体现人文性特征，就需要我们的教师通过多种教学方法和手段来完成教学内容。而在这一过程中，还不能失去艺术课的系统性，还要完成正常的教学目标与内容，这就给艺术课教师提出了新的挑战，怎样通过多种教学手段和方法来完成一堂艺术课？怎样使每一堂艺术课都变得生动、活泼，让更多的学生喜欢艺术、热爱艺术？这就需要我们的艺术课教师多动脑筋、勤思考。

美国的中小学艺术教育课课外内容的丰富化以及艺术教育的社会化，也给我们带来很大的启示。我们是不是也应考虑把学生的课外艺术活动不再变成走过场，而是真正地做到实处，充分地挖掘可利用的各种艺术资源——美术馆、博物馆、音乐厅等，让这些资源能够为艺术教育服务。把艺术家请到学校与学生面对面交流，使学生能够与艺术家亲密接触，树立榜样意识。学校的艺术教育除了培养学生的艺术技能技巧以外，还要深入挖掘特殊人才，建立学生的艺术培养的系统性和终身性，对那些在艺术方面有特殊才能的学生进行特殊培养，为培养专业艺术人才打基础。

从广东来看，能够实施艺术课程的地区和学校屈指可数。这其中有多方面的原因，一是艺术课程教材自身所体现的问题。从教师的角度来看，把握不好教材的意图，不知道从哪一学科来展开教学。而从教材自身来看，可能系统性和完整性还不够。二是从教师方面也体现出很多问题。例如，不能够深入地理解新课标，教学方法单一，缺少对其他学科知识的积累，课堂上缺少多种艺术形式互相融合的教学特征等。三是教师队伍建设方面所体现的问题。个人能力上能够符合艺术课程要求的教师很少，几乎每个学校都是由原来的音乐或者美术课的教师来担任艺术课程教学。而需要跨学科来进行教学的时候，教师从技能的角度来说就力不从心了。四是艺术课程的推广所呈现的问题。就目前的情况来看，了解有艺术课程这门学科存在的人知之甚少，无论是学生还是家长，甚至还有很多的艺术教师，都不知道有艺术课程的出现，因此也就降低了大家对艺术课程的认识和理解，这也是导致艺术课程实施困难的原因之一。

要想新艺术课程能够充分发挥它的重要作用，一方面要从国家的角度来看，加强对艺术课程的推广，让更多的人了解艺术课程，知道它的优势，这样才能拓宽实施的渠道。另一方面国家也应加强政策的扶持，从教材的建设到教师的培养，再到硬件设施的投入，这都需要国家建立一系列的保障制度和体系才能更好地推进课程的实施。

图7 学生上美术课

纵观美国的艺术教育，不仅是技能、技巧的学习，而且是通过艺术手段培养学生的审美能力，懂得去发现美和鉴赏美。艺术教育要面向全体学生，使所有的学生都能够受到艺术的感染和熏陶，尤其使那些有特殊艺术才能的学生能够得到更进一步的发展。因此，要想使我国的艺术教育与世界接轨，就要根据我国的国情，借鉴国外的经验来进一步推进我国艺术教育的进步与发展，使艺术教育更加系统化、普及化和大众化。

**（三）丰富的功能场所圆梦学生的幸福人生**

在李文斯顿等公立高中参观时，很多学校都有基础场室、舞剧创作室、计算机设计及3D打印作品课室，开设了学生电台录制课（完全模拟电视台）、电机常识普及课、机器人、法政科课（指纹配对、犯罪侦查）、科学研究课等。这些功能课室确实非常丰富，比起国内来确实高端。美国高中丰富的教室文化和课程设计，为学生追求梦想提供了强有力的保障。

图8 录播室

特别是走进李文斯顿公立高中的电视台录播室，就如同走进一个新闻中心。其实不仅仅是录播室，还有音乐室、体育室、舞蹈室及各种社团活动场室，这里展示着学生创造的各种各样的“艺术品”，体现学生的新奇构思与创意，体现学生的精心设计与制作，体现学生的认真态度与品质，这些教室就是一个展示的世界，展示着学生的活动过程，展示着学生的各种创造成果，展示着学生的成功与骄傲。

## 四、特教教师，不让每一个学生掉队

特教教师是针对有学习障碍的学生配备的专门职业教师，特教教师在上课过程中一般坐在学生的旁边与学生一起听课，及时根据学生掌握情况，辅导学困生。特教教师在科学课和数学课中比较常见。美国的特教教师确实做得好，在一次观摩课中，笔者发现教室里有22个学生和4个教师，其中3个为特教教师。在国内帮助后进生（或者需要帮助的学生）的工作基本上都是由班主任负责，科任教师辅助，基本没有配备专门的教师来指导（很多心理教师也形同虚设），靠的是班主任的奉献和职业精神来完成。而美国这种精细化、专业化的指导帮扶教学是值得我们好好学习的。国内在这方面还有很长的路要走，不管是顶层设计还是教师落实，都有很大的差距，需要几代教育工作者努力。

# 美国的大学

基础教育与高等教育是有紧密联系和重要关联的，研修路上，我们参访了5所美国高校，其中2所顶级大学为哈佛大学和麻省理工学院，这2所都是世界著名私立研究型大学，哈佛是文理综合性大学，而麻省理工是理工类综合性大学，这2所大学都呈现出非常鲜明、风格各异的标签性科学及人文精神特征。还有耶鲁大学、哥伦比亚大学、普林斯顿大学。参访的5所高校，由于时间等限制，未能深入了解，只能是管中窥豹，略谈些感受。

图9　参访哈佛大学

哈佛大学的校训是“真理”，麻省理工学院的校训是Mind and Hand，即“想到、做到”。哈佛大学位于波士顿的剑桥市。校园的古老建筑都是古朴的红砖外墙，厚重沧桑，我们悠然漫步在哈佛大学，边走边看，这是个到处都充满生气与活力的地方，地面上一块块纵横交错的红色方砖、斜斜的老街、古老的欧式建筑，与这一间间充满现代感的店铺在哈佛广场上碰撞，使哈佛大学在典雅中又多了几分时尚和活力的气息。

麻省理工学院（简称MIT）于1861年创立，是美国一所理工类综合性私立大学。麻省理工学院无论是在美国还是全世界，都有非常重要的影响力，培养了众多对世界产生重大影响的人士，是全球高科技和高等研究的先驱领导大学。

麻省理工学院的自然及工程科学在世界上享有极佳的声誉，其管理学、经济学、哲学、政治学、语言学也同样优秀。先后有80多位诺贝尔奖得主曾在麻省理工学院学习或工作，有“世界理工大学之最”的美誉。麻省之名蜚声海外，成为世界各地莘莘学子心向神往的科学圣殿。另外，麻省理工学院有研发高科技武器和美国最高机密的林肯实验室、世界一流的计算机科学及人工智能实验室、世界尖端的媒体实验室（据说高精尖的实验室都在地表以下），培养了许多全球顶尖首席执行官。麻省理工学院给我的最深印象还有世界上最多的高规格实验室。当然，因为该校是一所崇尚教育创新，热爱解决基础科学，渴望让世界变得更美好的顶尖高校。麻省理工学院自认的使命是在21世纪为学生提供最好的服务与国家和世界的科学、技术和其他学术领域的知识和教育，以迎接相关挑战。

图10　参访麻省理工学院

据导师程老师介绍，前段时间发生了以哈佛为首的顶级大学在招生上歧视亚裔的事件，像耶鲁大学很多的博士专业基本就不招中国学生。为什么不乐意招亚裔学生呢？很大一部分原因是，亚裔学生在学习目的上是不明确的，是急功近利的，很多学生为功名而读书。但哈佛大学培养的是引领社会的学生，因此，亚裔学生虽然学习成绩很好，但与这些学校的育人宗旨不符。

从2所学校的历史沿革和校园文化等，我亲身感受到了这2所学校的办学格局和社会责任担当，也终于能够理解为什么哈佛大学和麻省理工学院能够培养出那么多对社会发展做出卓越贡献的人。哈佛大学为美国本土历史最悠久的高等学府，并拥有北美最古老的校董委员会，创办于1636年，也是全美最难入读的学府之一，学校课程和生源十分多元化。目前在读学生约3万人，硕士研究生和博士研究生2.2万，占了约3/4，而本科生仅占1/4。校友包括8名美国总统及多国领袖与政治要员，更有130多名诺贝尔奖得主现在或曾经在哈佛学习或工作。

与国内大学不同的是，国内大学基本是围墙办学，而在这5所高校找不到恢宏的大门和校牌，一栋栋沉淀着历史、凝聚着荣光的红砖建筑沉稳低调地扎根在这片科学与人文的土壤上。走在校园中，不小心踩到厚厚的落叶，脚下的棕色叶子沙沙作响，竟然让我觉得歉然，唯恐打扰了哈佛大学和麻省理工学院对学术研究的纯粹，对科学进步的虔诚追求，对推动社会进步的人文情怀，让人肃然起敬。

## 美国的职教和特教

研修中，我们参访了2所职教和1所特教。GENGRASCENTER特教学校是大学的附属特教实验学校，由州拨款和捐款建校。因生源增加现要扩建，刚开始只是为听力有障碍的孩子服务，现在招收的学生从轻度到严重障碍的均有，甚至有智障和残障，年龄从5岁到21岁。在2016—2017年度汇报中，家长到校了解孩子们的学习情况，学校的办学硬件和教学情况得到家长们的认同和赞扬，轻度障碍的孩子到校接受专业技能培训，这些孩子今后能够独立在社会谋生。目前学校共有146名学生，171名教职工，低年级和重度障碍的实行一对一服务，学校教师都持有特教资格证，并有6名住校护士，对有需要的孩子定时负责护理，同时还有食品营养师，对学生进行营养跟踪。学校的教学理念是从各方面对学生进行学习、生理、心理辅导与帮扶，让孩子感受到学校和社会对他们的人文关怀。

校长在带我们参观教学设施过程中还介绍了针对不同智障程度的学生如何采用不同的教学方法，低年级实行一对一教学，高年级逐步减少，让他们慢慢适应社会。针对他们在课堂上的学习效率低，可以通过实践帮助他们提高技能，如数钱等。文体活动也是个性化和一对一教学，结合不同个案开展不同的体育活动，有不同的标准，让学生在活动中感受到快乐；艺术教育也是个性化的，可以让学生学习自己喜欢的艺术形式，可以是线、色彩和图形，学校还设立有艺术教学档案，让他们感觉自己是艺术家。

在参访过程中，笔者了解到该校的教职工不仅都在大学任教，还能投身到特殊的教育工作中去，在一对一的帮教中，需要坚韧的毅力和一丝不苟的耐性去教育身残智障的孩子，教他们学会生活，学会谋生的技能。这需要付出艰辛的努力，这是一群充满爱心的、伟大的和光荣的教师，我们为之而动容和震撼，与他们相比，我们面对正常学生的教育是无比的幸福，还有什么怨言？向这一群伟大的、充满爱心的教师致敬和学习，用爱心和耐心去教好我们的学生，为中华民族的伟大复兴而努力奋斗！

## 感　悟

本次美国研修，我特别留意美国的学生，感觉他们普遍比较自信，初高中学生中佩戴眼镜的学生人数非常少。和中国学生相比，美国学生的总体课业压力相对较小，有更多的私人时间可供支配，每天下午3点左右放学后，很多学生都留在学校参加自己感兴趣的社团活动。在规范的制度框架内，看似松散的管理制度，给了学生更多的选择和自由，更大的发展空间。

图11　与美方校长交流

中美课堂教育的不同理念和方式，最终导致各自培养出的人才也呈现不同的特点：美国根据学生的不同兴趣分类培养，注重动手和技能训练，而中国喜欢把学生都按培养科学家的模式来统一培养，注重基础知识积累而轻实际技能训练。这样，美国培养出了大量的技能型人才，而中国培养出了大量的知识型人才；美国的人才知识面广，技能熟练，适应性强，具有较强的创造思维与能力，且很有个性，其培养的人才与社会对人才的要求对接得比较好，而中国的人才普遍表现为在某一领域内知识积累扎实，但知识面相对较窄，对学科之间的联系了解不深，适应变化的能力较弱，缺乏创新精神，缺乏个性，培养的人才与社会对人才的要求有较大的差距。这正是当前大学生就业难的根本因素之一。

对于美国人，我们一般会钦佩他们的创新能力，这也是我们时常诟病自己的地方，但我认为美国人的务实精神也很值得我们学习。一幢幢矗立在街头几百年还基本能保持原样的老房子，不用钢筋混凝土而用纯钢结构支撑的高架桥，这岂止是“百年大计”，而是“几百年大计”啊！该花钱的地方，美国人一点都不节省。先进理念固然重要，踏实实践更为宝贵。在美国的一些名校，有很多的选修课程可供学生选择，比如纽约的史岱文森高中有200多门选修课。目前我们的一些学校也开设了选修课，但很多流于形式，学生真正感兴趣的课程有几门？这些选修课程在激发学生潜能方面发挥了什么作用？目前的选修课程是否已经兼顾到了绝大多数学生的兴趣和爱好？相关的管理制度和考核方式是否还能更进一步？除了一些客观因素的限制外，在现有的基础上，我们还能再做什么？这些疑问还有待我们去努力和解决。能学来别人的“形”，我们能学来他们的“神”吗？

21天里，美国师生的礼貌、热情及他们的先进理念给我留下了“诗”的回忆，不管是普通中学还是职业学校，不管是白皮肤还是黑皮肤，学生、老师都十分友善，他们很乐意展现自己，一句并不标准的幽默式的“你好”拉近了彼此的距离。

2017年已成为历史，那个曾经清晰的远方已慢慢地远去，但在记忆的深处依然会想起在康州和纽约的日子，每天晨曦时奔走在乡间的大路上总感觉外面的风景有点像世外桃源，参天的大树，随风飘散的落叶，若隐若现的小屋，没有喧嚣人群的街边，静谧祥和的气息似乎荡涤了空气中的浮躁和世俗，提醒我们应放慢脚步追寻教育的本真。校园应是一个筑梦的世界，我们应该帮助学生圆梦人生、幸福生活！

# 中西融合——教师专业发展的方向在哪儿

六月的伙伴，携手同行，初心不忘；

六月的香港，和风细雨，风采依然。

一个教师的成长空间决定了学生的发展空间，没有教师的发展就没有学生的发展，没有教师的优秀就没有学生的卓越。

——香港培侨中学校长叶祖贤

图1　全体学员合影

教育是人类的生命，科技是人类的未来，教育最终目的是塑造影响学生的未来，学生的核心业务是学习。

——香港大学程介明教授

## 一、教育是科学

什么是教育？有人说教育是一门艺术。香港大学教授程介明提出，教育是

图2　香港大学程介明教授

成年人为下一代设计的有系统的学习，教育的最终目的是为学生准备他们的长远未来。目前我们很多年轻教师离开大学，基本就不读书了，年纪大一些的教师也是凭着以前的经验重复着昨天的故事。

程教授认为，学习是人的天性，人一出生就在学习，但是教育不是，“教师”不是一般的职业。教师的核心是以学生为重，以服务对象为重，这是一切专业的核心价值。我们的教研也应该有学习科学的支撑，不光是经验，经验要有科学的支撑。

教师专业发展的根本是以学生为重、学习为主，经验与科学相结合。学习，这应该是对我们的专业发展的一个支撑，没有这个支撑，经验也许就停留在经验上。美国最近在“学习科学”上下了很大功夫，美国国家科学基金会资助的关于学习科学的研究中心有6个，当然，其他不受基金资助的研究中心还有很多，光这6个中心大概就有1000名研究员，都是在做学习科学的研究。虽然教育的核心业务是学习，但是我们对学习有多少认识呢？

**（一）“学习科学”是什么**

现在国际上认为“学习科学”是指脑科学、心理学、教育技术、教育哲学和教育测量等很多学科的综合，专门研究人是怎么学习的。目前研究认知科学的不少，但是能把它转化为教学一线有用的东西不多，这是很可惜的。中国乡村边缘辽阔，山区乡村教育应该是发展“学习科学”最肥沃的土地。

**（二）“学习科学”怎样能够变成对我们教学有用的东西**

人脑是可塑的，是会变的，这是现在整个“学习科学”需要把握的最根本的问题。

**1. 学习是认识世界的过程，是对外部世界赋予意义的过程**

婴儿刚出生的时候听到的很多声音，看到的很多东西，对他来说是没有意义的。但是经过他的生活，经过他的各式各样的活动慢慢地就认识到了。到一个月、两个月、三个月的时候，慢慢地，他就知道这是妈妈的脸，这声音是妈妈的声音，而且慢慢地知道这是妈妈开心的声音，这是妈妈不开心的声音。

成长就是这样的，一直是一个所谓的构建的过程，但不是被动接受的过程，是跟外界交流的时候塑造头脑的过程，这是根本的。因此，学习必须成为主动的学习，学生必须成为主动的学习者。

**2. 学习是因人而异的，必须尊重学生的个体差异**

现在的教育是工业社会高峰时期在西方出现的，整个思路和制造业的生产过程是一样的。学生是原料，放在一个整齐划一的程序里，然后我们用整齐划一的测试来检测他是不是达标。这与人的基本发展是相悖的。学校系统不可能做很大的变化，但现在课程进行了改革，给了学生选择的机会，虽然这只不过是在这条路上走了很小很小的一步，但即便这样，这仍然是非常可贵的。

**3. 没有经历就没有学习，有怎样的经历就有怎样的学习**

以前学校基本上占用了学生的所有时间，学校给学生什么经历就决定了他怎样学习。现在学生有自己的社交媒体，有网络，还有很多其他渠道，他可以自行选择学习的方式。

最有效的学习是在实践中发生的，学生有多少经历很重要。教师也是如此，培训中的教师是否能够有机会到另外的机构里去实习，这个很重要。教师对生活完全没有认识，就不可能对教书育人有实在的准备。

**4. 人类的学习是群体活动，这是人类和其他动物最大的区别**

现在脑科学家提出了一些大家比较能够接受的假说，就是人的脑细胞里面有一个镜像脑细胞，有呼应的能力。因此，集体学习、小组学习和合作学习是最有效的学习方式。

**5. 学习是总体性的、综合性的，不是零碎的、分拆的**

现在教学的过程，很多课程是分拆性的，往往把整理知识的过程当作孤立的过程。比如，在中国很多人花了很多年学习英语，但结果一句英语都说不出来，这是很正常的。因为我们学了英语，但是没有用英语的机会，学英语就是为了考试。

我不认为应该否定经验，但是“学习科学”可以分析、鉴定、检验、肯定、质疑。学生要成为主动的学习者，我们现在的学校要给学生创造空间和时间，要从以教为主转变为以学为主。

## 二、教育是艺术

从参访香港凤凰卫视到聆听香港资深传媒专家李灿荣博士的精彩讲座，感受到教育也是艺术，作为教师也应像新闻主播一样对待自己的职业。

### （一）凤凰卫视的职业取向给我们的专业启示

凤凰卫视的职业取向对教师职业同样有指引作用，一名优秀的教师也是一名优秀的主持人，不少优秀主持人也是教师。

（1）凤与凰的结合是一宗前无古人的联姻，显示东方文化与西方文化、传统文化与现代文化的历史性整合。

（2）有创造性的节目影响有影响力的人，新闻人最怕的是思维惰性。电视是一种艺术，它没有过去，只有现在和未来。作为新闻人，你必须把过去的自己像影子一样踩在脚下，前赴后继地去创新。

（3）主持人不要把自己当成传经布道的神父，解疑释惑的智者，耳提面命的长辈，颐指气使的权威，人们没有兴趣关注新闻教授们的意见。

（4）好的新闻人要顶天立地，所谓“顶天”是志存高远，所谓“立地”是脚踏实地，我们要保持清醒的头脑和永不磨灭的热情。

### （二）媒体应对与互动教学技巧

李灿荣博士是香港翡翠台的著名主持人，全国“我是好讲师”三十强。在人人皆是媒体的年代，我们怎样面对瞬息万变的世界，怎样面对自己身边的人，语言就显得非常重要。人都有两面性，既有理性的一面，也有感性的一面，人与人之间的交流，我们要善用同理心。对待偏理性的人，我们要侧重呈现数据的比较；对待偏感性的人，我们要使用讲故事、打比方的方法去交流。从媒体的角度讲，我们要善于从负面看到正面，从现在看到未来。同样，教师也应有这样的洞察力。

在教学中，除了有理性的方面外，更重要的是要有感性的方面，这样教学效果更好。李博士提到人与人沟通的原则：讲述的内容最好不超过7件；表达要善于运用五感设计；情境创设注重时、地、人组合；身份定位准确鲜明，言语之间流露同理心。从媒体的应对技巧到教学的有效策略，教师既像新闻发言人，也像节目主持人。教师要善于利用学生易懂的语言由浅入深地解惑，或将学习经历转为游戏互动，将学习知识转为新的游戏或语言故事，来化解知识的难点和重点。

## 三、教育是一种情怀

2019年6月18日，有机会与香港中文大学社会科学院荣誉教授曾钰成教授近距离对话。曾教授虽年已70岁，但依然心系香港教育，他做过教师、中学校长、香港中文大学荣誉教授、香港立法会主席，现在还在培侨书院担任校监和培侨小学的校董。

他从香港目前发生的大规模游行谈起，指出参与游行的大都是年轻人，主要是高中生与大学生。在采访年轻人时，他们的回答对特区政府以及国家的认识都有很多的负面因素。问题出在哪里？曾教授从宪法与基本法的对比以及在教育上的落实方面切入，认为归根结底在于近年来教育缺乏国民教育、缺乏对国家的认同感。尽管现在香港教育相关部门也设计了很多有关国民教育的方案，但效果不是很理想。例如，在中学开设中国语文、中国历史的课程，渗透国民教育，期望能逐渐达到教育的效果。这也与我们新课改的理念是一致的，落实立德树人的育人目标。

曾教授还就香港教育的一些热点问题与大家一起交流探讨。比如，香港公民与内地公民的疏离感为什么会越来越大？教育是创造公平的最大力量吗？中小学生的价值观与教师、家长有很大的关系。香港学校的教学语言是用英语、粤语还是普通话更好？STEM教学在香港的发展怎样？

最后他与大家分享了自己的成长经历，认为目前教师面临很大的挑战，教师应紧跟时代步伐，主动迎合新时代新科技对教育带来的新问题。在家国情怀的背景下，为香港和内地的教育搭建更多的沟通桥梁。

## 四、教育是一门创造性学问

香港大学荣休教授卢兴猷为我们做了一场教师工作坊讲座《设计思考的创新模式》。他首先向大家发放创意思维问卷测试，指出创意是跨学科、多元的思维方式。设计思维始于用户的需要，设计者要注重换位思考。作为教师也应站在学生的角度上去思考，去做教学设计。

教育也是一门创造性学问。卢教授指出创新的敌人是定式思维，教师应做有创意的人，应拥有七大特质：一是创造力是一种“习惯”，教师应贯彻在每天的教学中，让每天的教学都是新的；二是永不要把“自己”看得太重，教师的职业也是平凡的；三是对任何事都充满好奇，善待每一个不一样的学生；四是会给自己独处的时间；五是能轻松脱离工作；六是对“人”很有兴趣；七是不对任何事感到无趣。他指出以色列是创新做得最好的国家，并以SK-Ⅱ为例介绍了实现创意的方式与途径。

创新就是用新办法解决问题，在考虑问题时要“Think Big”，要从社会宏观需求考虑，遵循“人本思维法”，按照“EDIPT”模式，即同理、定义、发想、原型、测试的流程，创设公平的讨论环境，让学生自由无限制地思考，提出并选择最好的解决方案，培养学生的创新设计思维（Design Thinking）。比如开发STEM课程，该课程始终贯彻的就是设计思维。设计思维是一种以人为本的思维，应把同理心作为第一出发点，不是仅仅从自己的想法出发，而是要考虑用户的需求。在课程体验中提升学生的实践技能，培养学生的创新思维，更重要的是让学生形成用同理心去思考问题的习惯，对于学生将来的成长和成才将起到非常重要的影响。

要实现中华民族伟大复兴，就要有创新型教师。创新型教师应将设计思维运用到教育教学设计和学生培养方式之中，以设计师的敏感度和方法，运用可行的教学方法和现代技术，将教学行为转化为学生的成长历程，从繁多的学生行为信息中找到教学的灵感，洞悉和满足不同学生的需求，在教学实践中进行不断的测试改善，提高自身的素养。

## 五、教育的成功在于让学生找到自己

教育的本质不是把学生修剪成我们想要的样子，而是把他们引导成他们想成为的样子。最好的教育是从尊重学生的天性开始。香港的教育是比较多元的，学校类别也比较多样，有政府公办的，也有社会团体（如教会）协办的。男女分校也是香港教育的一大特色，多渠道、多样化办学助推了香港教育的多元、高效、公平。香港政府保障了教师队伍假期、工资待遇等方面的优厚政策，从而极大地保证了优秀教师队伍人员的稳定。

**（一）教师的成长空间决定了学生的发展空间**

研修第一天，聆听香港教育统筹局教师及校长专业发展中心主任叶祖贤先生（原培正中学校长）的专题报告《优秀教师必备素养及应对改革能力》。叶祖贤校长已经退休，但整个讲座过程激情满满，为我们复印了很多资料，很像一个老教授向年轻教师授课。首先，他向我们阐述了现代教育面临的时代特征：环境变化多端，多元价值冲突，各式竞争激烈，两极分化严重，人的发展第一，互换均衡共存等。叶校长介绍了“五点教学法”，也就是优秀教师在教学过程中要把握好课堂重点、难点、落脚点、兴奋点、应用点，“好的课堂应该有‘4I’——Interesting（有趣）、Information（有料）、Interaction（有互动）、Impact（有冲击）”。

图3 与叶校长合影

叶校长有几句话给我的记忆很深：一个教师的成长空间决定了学生的发展空间，没有教师的发展就没有学生的发展，没有教师的优秀就没有学生的卓越。优秀的教师要把学生教育好，激发学生的各种潜能，把学生培养成能够自我管理好自己的情绪、身体、时间、财产的健康人。

作为学校，应降低社会市场和社情民意对教学行为的影响，静下心来立德树人。作为教师，在做好教学工作的同时，要不断提升自身的专业技能，要摒除待在舒适区的思想，敢于打造和形成自己的教学风格。在实践中，要善于总结，不断前进，要有宁静的习惯、规律的生活，坚持凝练自己的教学风格，能影响身边的人和学生，与学生、学校一起共同迈向追求理想的道路。

有怎样的经历就有怎样的成长。迦密爱礼信学校的校长何玉芬博士强调学生的生涯规划应注重“关爱、机会、登高望远”。教师首先应关爱学生，培养学生的同理心，创设各种活动，提供学生展示的平台。学校的课程设置应注重让学生经历学习过程，增加实践机会，让学生在经历中成长。

**（二）教育是关爱、机会、登高望远**

在香港，无论中学、小学甚至幼稚园，都围绕着“创新和STEM”这个主题来设计学校的教学活动。整个教育界共同向这个方向发展，注重对学生的动手操作能力培养。从本次研修参访的4所学校（英华书院、林百欣中学、伯裘书院、德望学校）和教育局的STEM中心来看，这一理念已在学校深入贯彻。

“关爱、经历、创新、STEM教学”是4所学校的共同特点。学校注重培养学生的同理心和创新思维，多让学生经历与培养目标相关的过程。STEM课程是近年来发达国家比较前卫的课程，香港地区也从2017年起大力推进STEM课程。参访每所学校，学校领导都会介绍本校STEM课程的开设情况。

**1. 教育局的STEM中心**

香港教育局的STEM中心的创客空间设置齐全先进，备有全彩立体打印机、立体扫描器、电脑数字机、激光切割雕刻机等先进设备，可让学生经历“手脑并用”探究和“设计与制作”学习活动。教育中心也有较为完整的STEM教育体系，专为下属教师开办专业发展课程，跨学科合作教学。STEM教育中心为师生应用所学知识与技能来解决实际问题提供了技术和设备保障，激励学生进行创新尝试。STEM教育中心还定期举行各类创客大赛。

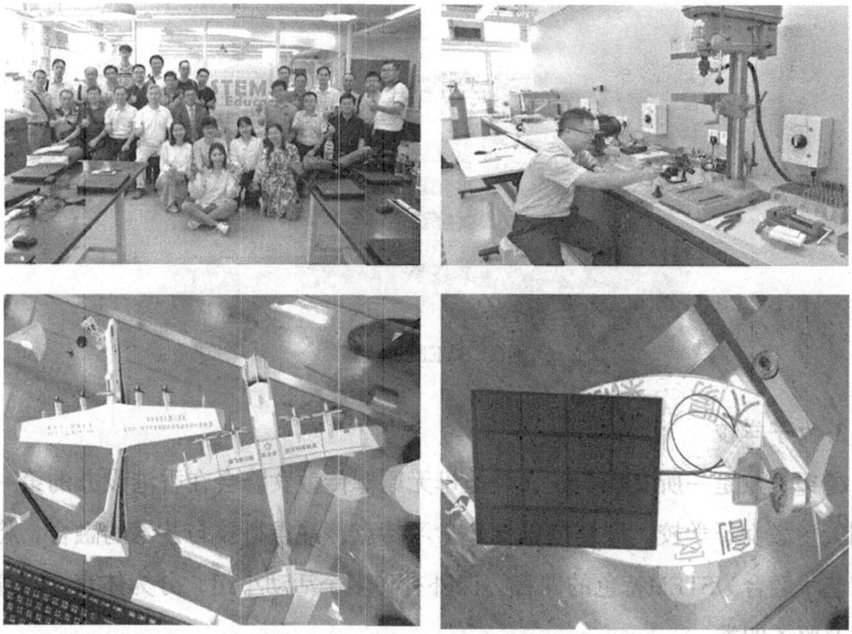

图4 功能室和学生作品

**2. 男子学校**

英华书院是近代来华传教士最早创办的学校之一，是一所历史悠久的传统男校，侧重培养自信、阳光、卓越、有使命感和责任感的“仆人领袖”。从教师和学生带领我们参访学校的科技室、音乐厅及交流中，感受到了“传承使命、百战自强”的校训精神。

图5 带队领导与学生交流

图6　STEM功能室

**3. 女子学校**

德望学校是一所女子学校，是圣母无原罪传教女修会在香港设办的第一组有别天主教女子学校。该校依据女生学习特点，注重科技与艺术的融合，将科技与艺术融合为STEM特色的课程。课外有40多个活动小组，分为体育、兴趣、制服及服务四类。

图7　学生欢迎仪式

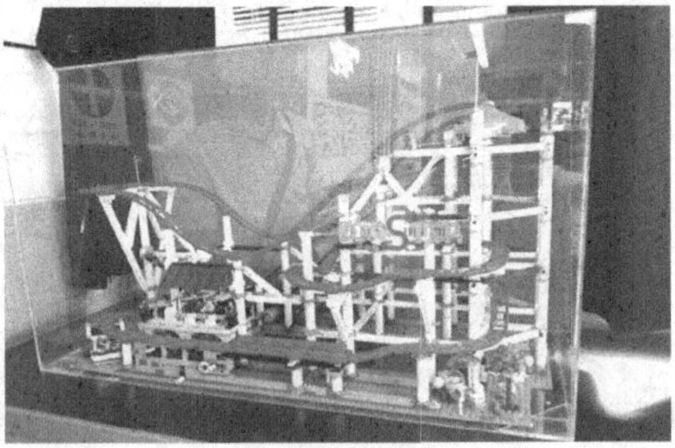

图8　学生作品

**4. 混合特色学校**

伯裘书院和林百欣中学是普通的男女共读的学校。

伯裘书院注重科技在教学中的应用，在以“学生为本、人人可教”的信念下，积极发挥电子资讯的作用，引领学生学得更主动、更有效。

图9　STEM功能室

比如，教师利用手机的科学教育App进行科学实验，让学生有更多机会参与到科学实验中，从而创造更多的有效的学习经历。伯裘书院的教师在STEM教学方面非常有经验。

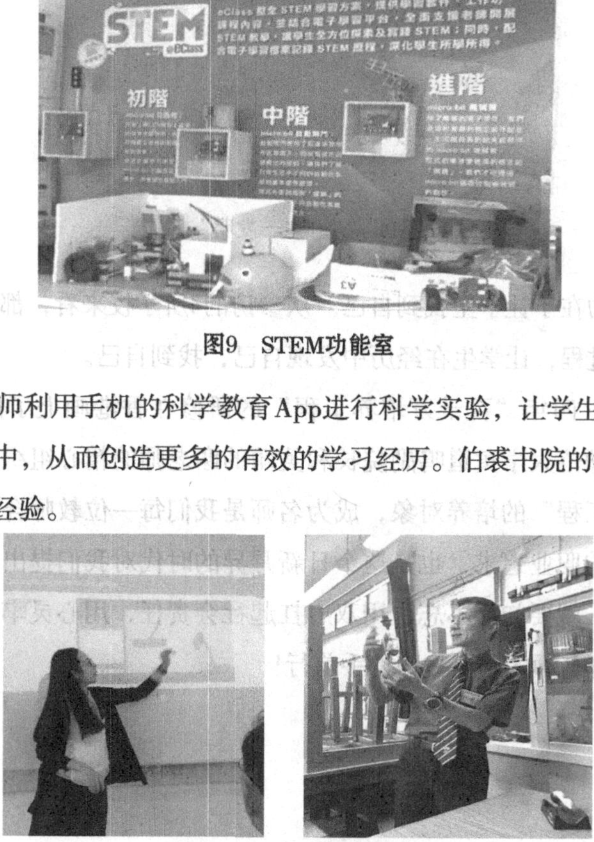

图10　专注敬业的教师

林百欣中学的刘校长特别重视STEM教学，将STEM教学与实际教学活动相融合，提倡“一生一发明”，多层面组织学生参加各种STEM竞赛。

图11　“一生一发明”

教育的成功在于让学生找到自己。从参访的4所学校来看，都致力于让学生经历学习体验过程，让学生在经历中发现自己，找到自己。

时间匆匆，四年“百千万培养工程”的研修在香港画上了圆满的句号，特别感谢华南师范大学黄道鸣副院长和美丽的谢老师的精心组织与安排。作为“百千万培养工程”的培养对象，成为名师是我们每一位教师合乎时代脉搏、顺应时代潮流的职业追求，也是这个日新月异的时代对我们提出的新期望。既然选择了远方，就要初心不忘，用双肩扛起社会责任，用心灵牢记时代使命，在追求成为教育名师的路上一路携手前行！

# 在北京十一学校的十一天

## ——“北京国培（2014）”

记得国培第一天写日志时，我是这样结尾的：“我一定会把我每天的收获带回去，播种到学生的心田。我想种下希望定会有收获！”转瞬间，北京的十一天已变为昨日的记忆，在与“这群老同学”刚刚相识还不曾相知时，我们就要说再见了。从《我们的一天》到最后与秦建云副校长的交流，一切都历历在目，每天的学习都带给我无比的振奋，在十一学校的每一刻都给我无尽的思考，尤其是北大博雅塔下、未名湖畔的莘莘学子更令人难以忘怀……北京之旅是幸运的，也是幸福的，因为不仅增长了教学技能，明确了努力方向，更丰富了教育智慧，收获了内心愉悦。

**图1　研修课堂**

## 一、方向比努力更重要

北京学习之旅第一天是聆听十一学校李希贵校长的讲座《学校转型》，让我震撼的不仅仅是学校丰富多彩的功能课室（全校4000多名学生有1400多个教学班、300多门课程、270多个课室），因为这些课室从北京到我们山区，还有很长的路要走，我想至少要五年以后……让我震撼的还有理念！我们虽然有幸出生在能够自由选择的时代，但时代并没有传授给我们选择的智慧，而十一学校正朝这方面努力着。

“现实教学中学生被因材施教了；让学生成为自己的CEO；一个人要知道‘我是谁’，他就必须理解整个世界；人生是一枚硬币，一面是选择，一面是责任，我们要学会选择，勇于担当；人的潜能犹如矿产资源，被埋得很深，教育就是要帮助孩子们认识到自己的潜能”，这些以生为本的教育理念扎根于十一学校。一所好学校一定有个好校长。我们虽学不到十一学校的功能场所模式，但可以借鉴其前卫的办学理念，学习勇于改革、敢于担当的精神，感受以学生为中心的校园文化。学校要转型，教师更要转型。作为一名教师，要从教知识转变为教方法，从重过程重情感上升到传智慧。行政班级模式的消失，要求我们从学科教学上升为学科教育，人人都是班主任，采取平等的方式把德育渗透到教学中，淡化权力，发扬民主，中国才会有希望。学生学到的知识是会遗忘的，但方法、智慧、处世的学问是伴随一生的。

秦建云副校长作为十一学校的业务领导，实实在在地告诉我们这些年他们一路走来是怎样想的，又是怎样做的。中国的教育改革不能再等了，但方向比努力更重要。秦校长讲的“我们的课堂有什么问题”让我对教育的思考更加深入，虽然我们当地的教学不可能像十一学校这样大幅度地改革，但我更加坚信了自己努力的方向，回到现实教学中，围绕身边的“课程有什么问题、教学为何纠结、德育为何低效”去思考，践行国家课程校本化，着力提高德育的实效性，去做一个山区教育改革之路的实践者。

## 二、榜样引领，幸福人生

这些天来，更为精彩的是聆听物理大师们的精彩讲座，感受他们的人格魅力和精湛的教学技能。

从海淀区物理教研员苏明义老师身上我看到了一个学科带头人的严谨治学态度和敬业精神，工作中要“讲究”不要“将就”，做一个名副其实的学科带头人实在不易。还有北京教科院的陶宏昌老师。陶老师今年58岁了，但仍有一颗年轻的心，他的“让教研成为文化”“做一个内心愉快的教师”的理念，特别是他身边那本写得密密麻麻的笔记本，值得每一位教师学习。他在《做一个学生喜欢的中学物理老师》中讲到：勤能补拙、骆驼坦步；努力了，当好了，幸福一辈子；感恩是成功的力量，抱怨是死亡的开始；换个角度思考问题，前面将是一道风景。他讲得真好，我们很多教师不缺智慧，缺的是坚持。要向北京八中唐校长学习，做一个充满智慧的70后“小老人”（北京市首批正高教师）。

与物理学科教学神人朱建廉老师（南京金陵中学、江苏省首批教授级特级教师）、黄恕伯老师（南昌三中、江西省首批教授级特级教师）的零距离接触，更是开阔了眼界，再次让我感受到物理学科教学中的“舌尖上的美味”。朱老师虽年近60岁，但精力充沛，年轻人亦有所不及。他的“叩问课堂”让我重新思考“课堂上的主体究竟是谁，弱者倾向性原则对应的是文明，而强者倾向性原则对应的是野蛮”等观点，他的教学哲学令人耳目一新，最令我叫绝的是对课堂理想状态的描述。现状：一位“智者”在滔滔不绝地“讲”着，一群“呆子”在晕晕乎乎地“听”着；理想：一个“呆子”在傻傻乎乎地问着，一群“精灵”在若有所思地“想”着。黄老师对物理教学的理解帮我打开了思路，不要迷信教材，教学是要不断创新的，要有“较真”的态度和求“真”的追求，创造改变人生。最厉害的是他把课上到中央电视台的《小崔说事》栏目去了，他如痴如醉的表演不仅让自己幸福地回味了大半辈子，也让我们看到了教师职业幸福的曙光。

这些名师的引领，再次使我深深地感受到自己还有很长的路要走，还要继续不断修炼，修炼教学技能、修炼人生智慧，也让我再次体会到自己以前认认真真地做了好多“错事”。

## 三、课堂观摩，实战启示

目前的教育多多少少都被“功利主义”所绑架，因为有功利，就会缺少自由。高考的压力导致很多高效课堂模式都有功利成分。要培养创新型人才，缺少“宽松自由”的环境是不行的。彭主任的“教育要有宽胸怀、大视野”和陶老师的“独立思考、探索实践、自由表达”等理念都给了我很大启发。作为普通物理教师，应用适合时代特征的教学理念去改变一些东西，物理课上多创造情境，让学生多侧面经历学习过程，着力培养学生的科学素养。在培训的11天里，北京十一学校和北京八中的十多节精彩的现场课，为我们的课堂教学指引了方向。一要注重渗透情境教学，情境导入最好别具一格，或有吸引力，或具喜剧性等；二是教学设计要注重学科思维与学生思维的有机结合，层层递进；三是多媒体与传统教学手段的结合要恰到好处，特别是多媒体的运用要适时、适量、适当。从这些现场观摩课中，我们看到北京的课改既创新了教育理念，也保留了传统精华。

回顾自己从教的十八年，不敢说自己十年如一日，但对学生始终是充满爱心的，对教育是负责任的，而通过此次培训更感觉到自己的成长还远不够丰满。要从教书匠向研究型教师转变，既要耐得住寂寞，更需要一种坚守。没有对教育理性的热爱，我们都会随波逐流选择放弃，因为教师就是一个普通的社会人。而这些天与这些成功的教育专家的接触，让我坚定地看到了作为草根型教师的希望。希望另一个教育的春天又要来了，不仅为自己，也为同我一样的做梦人。

图2　专题交流

慎用句号，多用问号（叩问课堂中语）！我想，正因为有朱老师、黄老师这样的老师，有我们这样一群“国培疯子”，中国的教育才让人看到希望，中国梦将不会遥远。同时我也更希望在这新一轮课改的热潮中，十一学校不忘初衷，李希贵校长带领全体教师淡定执着前行。

# 我眼中的衡水中学

## ——衡水学习归来有感

早前听到很多关于衡水中学的高考成绩是教育的神话、衡水中学被称为“神一样的学校”及有关“人间炼狱”等传闻，对此有点半信半疑。

2016年12月2日，我怀着慕名已久的心情来到了河北省石家庄精英中学参加了全国高三教学管理及备考会议，先后聆听了衡水中学原校长李金池的激情教育与高效“6+1”课堂教学模式、衡水中学廉清江副校长的高三备考十策略、衡水二中及冀州中学的备考方略等讲座，观摩了6节现场课、早练跑操及校园文化。

这次亲自到衡水中学学习，感触颇多，震撼很大，使我对李金池校长及衡水的教育有了直接的了解。5天的学习，我们看到的也许是一些表面现象，但这些现象背后更多的是衡水中学的文化、衡水中学的精神在引领着衡水的教育。衡水中学学生学习好，这是有目共睹的事实。对“衡水中学的学生都是书呆子，那里是不是应试教育的典范”，我产生了质疑，我也一直在思考，我们到底要向衡水教育学习什么，我们能借鉴什么。我想，激情度应是衡水中学文化的灵魂，和谐度应是衡水中学文化的基石，创新力应是衡水中学文化的源泉，执行力应是衡水中学文化的核心。

### 一、一个好校长就是一所好学校

李金池校长从1992年开始接任衡水中学校长，然后将衡水中学从二、三流的学校带入全国十大名校，张文茂校长再将衡水中学推向极致。能将衡水教育做大做强，我想这离不开一个好校长，也离不开当地的文化背景（创造性地将衡水中学模式“复制”到了衡水二中和精英中学）。这次学习虽没有见到张校长，但从李校长的阅历可以看出，他先后从校长岗位到教育局局长再回到校长岗位，说明他是一个对教育充满情感、极度热爱学校教育的人。

一个人的时间在哪里，他的成绩就在哪里。要想把学校办好，校长必须率先垂范，能带领一个优秀团队积极奋进，当然这需要校长具有高超的教育智慧及管理智慧。衡水中学作为欠发达地区的学校，在班级人数多、师资相对弱、经济条件差的情况下，能把学校的精细化管理做到极致，这都离不开校长高远的教育视野及宽广的教育胸怀。衡水中学从1992年李金池校长掌舵开始，进行了大刀阔斧的改革，这些年来已经沉淀为衡水中学“言必信、行必果”的执行文化：坚持群策群力，以协作捆绑强化执行力；坚持常抓常新，以常规管理提高执行力；坚持激发激励，以昂扬激情提高执行力；坚持公平公正，以良性竞争提高执行力；坚持共享共赢，以多元发展提高执行力。李校长从教育局局长位置再回到精英中学做校长，又将精英中学再次推向一个新的台阶，我想一个年已60岁的教育工作者，还有如此精力，如此魄力，足见李校长的人格魅力之高。李校长的教育情怀很值得我们每一位管理者好好学习。

## 二、用心做好每一件事就是最大的成功

到衡水中学学习，给我最大震撼的就是激情教育和养成教育。被誉为“天下第一操”的晨间及午间跑操，的确给人以震撼，亲临现场，学生们那种斗志昂扬、气势如虹、响彻云霄的口号让衡水中学的校园每天都充满了激情，让参观者为之震撼，也令我满含热泪。衡水中学的跑操，下课铃声一响便迅速集合，以班级为单位，快速而有序地跑到指定地点集合，在集合队伍的几分钟时间里，每一位学生手里都拿着一本书或资料在大声地诵读，聚精会神的学习状态，让人为之动容；集合后，每班的队伍都迈着整齐划一的步伐，同学之间始终保持15厘米的距离，步调整齐得如同一个人，在10分钟内按指定线路跑完1200米。后来我们才从一位教师那儿了解到，对于跑操，新生入学时“怎么要求，平时就怎么要求”。这使我们联想到，我们每一所学校学生入学时也要进行军训，但军训一结束，军训时的作风和要求大多也随之消失，更不要说能让学生保持到毕业，甚至有学生连学校规定的一些宿舍内务方面的要求也心存怨

言……跑操时，每一个班级的队列由学生整队、学生领呼口号、学生组织检查评比，整个场地，看不到一位教师。这种整齐划一的跑操及严格有序的自我管理能力，绝不是一天两天形成的。这就是管理的最高境界——管是为了不用管。这说明提高教育教学的质量不能只是通过选择增加教师的工作时间这种途径，更重要的是抓工作实效。

见了衡水中学的学生，先不说他们所读的几乎都是重点大学，只说那份置身于来自全国各地的教师和领导中间的淡定与自信，便让人为之折服。再听他们的班歌，看看他们的班徽，也许我们艺术类的学生也不一定能够创作出来。衡水中学学生综合素质之高由此可见。衡水中学的学生内心深处有一种神圣的责任感和荣誉感，有着新世纪中学生所特有的追求卓越的精神和危机意识。所以出操集合的途中仍不忘学习，拿着书或者本子边跑步边朗读。在人数多、空间小的巨大矛盾中能够有那么高质量的跑操，靠的就是学生的自觉性、纪律性和集体荣誉感，靠的就是学生对智育和体育之间关系的深刻认识。如此近距离的跑操，只要一个学生出错，跌倒的将可能是一大群人，所以学生之间的团结协作尤为重要，也说明了他们彼此之间的信任。

学习好，身体好，能力高，心理素质也强，这就是衡水中学的学生。这如果是应试教育，谁不愿意让自己的孩子也接受这样的教育？衡水中学的辉煌源于学生的拼搏、团结、坚强和严于律己等精神，衡水中学的跑操不难学到，但能让学生跑出这样的境界，谈何容易。

没有活动就没有教育，没有参与就没有终生难忘的教育。回来后我还了解到衡水中学像这种跑操文化的活动还有远足、成人礼等，衡水中学每年都有大量的学生活动，并能把每件事都做到极致，使每一次教育活动都让学生刻骨铭心，真正触动学生的灵魂，让学生养成终身的良好行为习惯，这就是最好的教育。我想，用心做好每一件事就是最大的成功。

## 三、务实的教学教研模式力促教师的专业成长

教研模式不走过场：“一课一研”“三备两研”，将备课组分成多组，备课组竞赛及科组竞赛都有一套严格的机制，确保活动落到实处。其中规定：所有发言评课者必须给授课教师提三条缺点、一条优点；评课人不得重复他人的

观点，前面评课人讲过的后面评课人不能再提，需提出独特的观点；所有参加听课的人必须参加评课，所有参加评课的人必须发言。这些规定能长久地执行离不开校园的执行文化。在教学中，从不照搬外面成套资料，教师必须整合适合本校学生的校本资料，校本资料每年必须进行30%以上的更新等。只有把教学教研落到实处，才会大大地促进教师的专业成长。

不管是衡水中学还是衡水二中，能以整套的办学经验和突出的办学成绩闻名全国，我想离不开它始终把教师的专业发展作为教师队伍建设的核心，把培养高素质的教师看作促进学生素质发展的关键。不断地完善机制，积极开展各种形式的校本教研活动，以切合本校实际的办法引导教师，走专业化道路，走自主发展的道路，形成了衡水中学的教育教学特色，形成了各个教师的教学风格。尽管如此，衡水中学还坚持有计划地组织全体教师到外地考察学习（衡水中学的领导在介绍经验时说，衡水中学每周都有教师外出学习，而且人人有机会），以开阔教师视野，丰富教师的教学思路。因此，我们作为落后地区，更应该多组织教师去参观学习，在比较交流中借鉴他人的先进经验以提高教师的教育教学水平。

## 四、“精神特区，追求卓越”，文化引领学校发展

把学校建设为精神特区，让“追求卓越”这种校训深入衡水中学学生的心里是衡水中学教育的又一大特色。教师的精神文化引领着学生的精神文化，而校长的精神文化又引领着教师的精神文化，让教师远离铜臭，首先校长要淡泊名利、志存高远，既能与外面领导沟通，又能引领学校的精神文化，这要求校长要有卓越的领导力，要有领先时代的管理思想和眼界。

在衡水中学校门口，虽然校门老旧，但校园内“建中华民校，育民族英才”的标语，让人感觉到衡水中学人的豪迈气派。进入校园，不管是衡水中学还是衡水二中，映入眼帘的是这样一些标语：“能吃苦吃半辈子苦，怕吃苦吃一辈子苦”，甚至厕所的门板上、教学楼的柱子上也是优秀学生的励志誓言。在寝室，学生的格言、誓言，奋斗目标彰显个性。衡水中学的教室中有名言格言，多种警示牌，高考倒计时，高考目标，联考倒计时，对别班的挑战书、应战书等。衡水中学最美的风景莫过于大门外公路两边长达百米的文化长廊，一

边是当年该校考上北大、清华学子的简介，另一边是参加全国奥林匹克竞赛获奖者的介绍。衡水二中的名校林也独具一格，极具影响力。总之，随处可见的名人警句，震撼着每一个人的心灵，让人处处感受到校园的教育气息和文化氛围。置身于这样的环境，你有的是激情，有的是动力。由此可见，在环境育人方面我们可以大有所为。

我想衡水中学的教育不仅仅是简单的应试教育，尽管外界对此有不少质疑，而在现有体制下我更认为它是在某种程度上突破了中国教育体制、高考升学模式下的素质教育。不管是什么教育，师生的“内驱力”始终是学校发展的关键。衡水模式的成功既离不开当地的文化背景，更离不开一个激情四射、充满教育情怀的好校长，当然也需要一支富有公平公正、坚强果敢、执行力的好领导队伍，他们能率先垂范，调动教师的工作热情，让校园成为师生激情燃烧的地方，我想这些正是我们教育最缺失的。

# 我从哪里来，我要到哪里去

## ——“百千万人才”第一次培训总结

期待已久的第一次“百千万人才培养工程——名教师”培训在激情燃烧的广州持续了近一周。此刻，火热的激情还依然在心中燃烧。距去年国培结束已有半年了，国培结束后，有一句话一直在我心中萦绕：“你是谁？你从哪里来？你要到哪去？”这一次的破冰之旅，我对这一句话又有了新的思索。算起从教的日子整整有十九年了，从一个充满激情的青年到不惑的中年，从一所山区的农村学校到教研中心，从一名普通的教师成长为新一轮“百千万人才”培养对象，一路走来，深感山区教师成长的艰难，我深深懂得“我是谁”，所以我会特别珍惜这三年的学习机会，明确三年后“我要到哪去”。

回顾7天的学习，内容丰富，形式多样：有开班典礼、新学员的破冰之旅、新老联谊交流、中美校长高峰论坛、学术专题讲座等。7天的培训是紧张而忙碌的，但又让人充实而愉快。通过培训，我收获了情谊，开阔了眼界。我庆幸我能来到这里，能来到华南师范大学，能认识你们，能认识大家。

### 一、破冰之旅，其乐融融

与以往的培训不太一样的是，两次的破冰之旅一次是大课“互画像”，一次是小班的“认识你我”。“互画像”在王院长激情满满的指导下进行：整个第二批“百千万人才”培养对象齐聚一堂，其乐融融，彼此指出对方努力的方向。而小班的破冰之旅是在“两只老虎”的游戏中拉开了序幕，郑老师不愧是心理学专家，这个活泼轻松的游戏一下子就把大家融合到一起了，无意之中也把我“罚出来了”。说老实话，游戏开始时我还没有放下自己，还在想着工作上的事情。郑老师的破冰之旅给我留下了难忘的印象，班级团队在高效轻松中形成了，周四晚的联谊活动也充分说明了这次破冰之旅是非常成功的。郑老师的一句话“这些年虽然我没有太多的科研成果，但我有一群积极向上的学生”引起了我的共鸣，甚至鼻子有点酸酸的。是啊，有近十年时间，我基本上都在高三度过，没有太多的论文发表，但我的确为山区的普通中学培养了不少优秀的毕业生，因为毕业班的工作是没白天没黑夜的。这些天与郑老师的相处，我更感觉她像大姐，特别像我的大姐。上课时不时还会浮现中学时姐姐教我学习时候的样子，一晃就几十年过去了。

这次破冰之旅还见到了两位青春靓丽的小妹妹，文丽和秦群老师，7天的相处，感觉自己也年轻了很多，真的是“一路上有你，苦一点也愿意”。还有与郭班的相识是在3月份的面试（他在我后面一个面试），在我进入面试前，他拿着稿子口中念念有词的样子给我留下了很深的印象，没想到他竟成了我们的班长。与夏良英同学的相识是5月份在东莞进修学校举行的广东省教学创新大赛上，当时有个国培同学说，坐在我前面的是我的同学，于是我在后面“偷偷地”打量了一番。想想这些，似乎自己还真具备名班主任的特征了，正像郑老师所说，我也很会观察同学的细节啊。

还有与其他同学的第一次相识，就不在此一一道来了，留在心中作为美好的回忆，否则这篇文章就成流水账了。总之，在这不一样的破冰之旅中，我很想说：认识你们，真好！

## 二、高峰论坛，方向明确

此次研修中，“中美校长高峰论坛”也给我留下了难忘的印象。Ted McCain总裁进行了以“认识每一个大脑的独特性：基于脑科学的个性化教学策略”为主题的发言，与中国的校长、教师们分享了他在加拿大、美国等地对大脑的研究以及大脑的个性化对日常教学过程中的影响。Ted McCain在发言中指出：我们的课堂需要做出改变来应对世界的变化，要培养学生的九项关键技能，包括自我沟通能力、人际交往能力、独立解决问题的能力、互相协作的能力、信息检索能力、信息应用的能力、想象与创造力、创新能力和创造力、网络公民的意识。这些是我第一次从外国教育专家口中听到。此前我在北京跟岗学习了十来天，这些理念在北京四中、十一学校等学校已开始生根发芽。我见证了这些先进理念的强大教育生命力。

再一次现场聆听美国荣誉校长们的讲座，了解了“聚焦走班制——如何指导学生学会‘选择’”“数字化时代的教学——如何利用技术实现学生个性化发展”“建立21世纪循序渐进式课堂”三个工作坊的交流学习，进一步明确了未来教育发展方向。当下的学生已经不是过去的“我们”，瞬息万变的社会变革，日新月异的技术发展，影响着每一个人的生活。未来，社会经济发展趋势是怎么样的，我们要教给学生什么才能助其成才？我们该如何适应现代教育发展的改变，创新教学方法，优化教学效果，让学生快乐地学习，健康地发展，成为我当下思考最多的问题。

## 三、新老交流，示范引领

第一、二批学员的互动交流与分享，使我感到自己离名师还有很大的差距，这三年要好好努力。其中深圳高级中学黄元华老师的“在研究状态下工作，享受专业成长的幸福”，佛山胡铁生老师的“专注与坚持——用心做好一件事”，广州郭飞红老师的“教师二次成长实践与感悟”，广雅中学吴新华校长的“发现、思索、升华”等第一批牛人的分享与交流，给了我很大的震撼。虽然明显感觉到了三年成长的压力，但更受到了榜样力量的鼓舞，人到中年，学无止境。我一定会朝着师德高尚、理念先进、视野广阔、学识渊博、业务精湛、学科教学能力卓越、独具个人教学风格、在国内有较高知名度和影响力的名师特征而努力。

只有初恋般的热情和宗教般的意志，人才能成就某种事业。

## 四、山区教学实践的困惑

周五晚，钟院长在《新常态下广东教育改革的战略选择》的报告中提到目前广东教育的特点是：两只老虎一群狼，后面还有一群小绵羊。触发了我对山区教育实践的思考。我想在广东欠发达地区能否“先发教育”，能否像山东的“杜郎口模式”那样，在欠发达地区的小绵羊中进行基因改造，让“狼真爱上羊，羊就变成狼”。

当前我国教育正面临一场深化考试招生制度的改革，这对山区既是机遇更是挑战，一是国家的政策正在向山区倾斜，二是山区的观念仍然很难改变，政策很难落实。回到现实中，在经济较为落后的中小学校如何借鉴与交流国际教育先进经验与模式；在教师力量比较薄弱的情况下，如何开展选课、走班甚至走校模式下的学校与教学管理等，这些都需要我们名校长、教育家去充分地做好顶层设计，也需要我们一线教师富有智慧地去践行。

研培既是学习，更是行路。我想三年的学习、三年的行路，一个全新的教育春天定会在广东大地上盛放。

# 情境设计能力与核心素养的养成

## ——第一次工作室主持人研修

在人生的路上，总有那么些地方，值得你去深入它、感悟它，不管是砚城（肇庆学习），还是鹏城（深圳跟岗）。台风肆虐后，两城的许多大树被连根拔起或半腰断裂，触发让人对自然的敬畏和对生命的尊重。但“威猛的台风山竹”并没有挡住工作室成员学习的热情，2018年9月16日至21日，工作室团队来到砚城肇庆学院进行为期一周的工作室团队专项研修。一直以来，对于如何成为一名合格的名师工作室主持人，我是有点担心的。经过一周的研修，不仅对砚城和鹏城有了更多了解，也对工作室的建设思路更加清晰了。

## 一、关注教改前沿，积极探讨核心素养教学策略

### 1. 陈友芳教授的讲座《情境设计能力与学科核心素养的养成》

在学科核心素养教学中，情境设计能力是每一位教师必须具备的核心专业素养。要提升教师的情境设计能力，需要从三个方面着手：设计出好情境，区分情境的复杂程度，对情境进行结构化处理。学科核心素养实际上就是一种把所学的学科知识和技能迁移到真实生活情境中的能力和品格。在未来的素养教学中，情境设计能力是每一位教师都必须具备的核心教学专业素养。

但是，与核心素养教学对教师情境设计能力的高要求相比，当前教师在情境设计能力方面存在明显不足，这可能是未来掣肘素养教学效果的瓶颈，是未来核心素养改革难以落地的关键。有些教师甚至不知情境为何物，以为随随便便摘段材料就是情境，以为这场课程改革不过是把过去大家习惯称为“材料”

的东西改头换面叫作“情境”。

基于这种现状，为了激发广大教师对情境设计能力的关注和思考，提升广大教师的情境设计能力，陈友芳教授结合未来核心素养教学的实际需要，给我们分析了有关情境的三个关键问题：什么样的情境才是好情境？如何区分情境的复杂程度？如何对情境进行结构化处理？这些问题实际上涵盖了情境设计能力的三个关键组成部分：设计出好情境的能力、设计复杂程度不等的情境的能力、情境结构化处理的能力。

通过聆听陈教授的讲座，进一步体会到优秀教师在教学和评价时，要善于根据任务目标的不同有效地识别情境中的细枝末节和关键事实，从而恰当地进行结构化处理。当然，高质量地完成这种工作需要教师受过严格的专业训练，具有敏锐的洞察力和丰富的建模经验。所以，正如学生的核心素养一样，教师的教学专业核心素养也是教育、实践与反思的结果，是教师终身发展的结果。

**2. 白涛教授的主题报告《还原真实的学科过程——落实学科核心素养》**

白教授首先从三个问题展开了他的报告。课程：统领教学和考试，其改革必将导致教学和考试的改革。教学：聚焦课堂，关键在教师，教师专业成长了，课堂教学质量必然提高，考试成绩就是一种自然结果。考试：一好遮百丑，人才哪儿都有，只是缺少培养人才的方法，应试也如此。他的“我们能不能教得少点，学得轻松点，考得更好点？”引发了我对新课改的思考，如何让核心素养落地？他强调突出核心素养的教学要有真实的学科过程，这对我的教学观是很有启发的。这就要求我们改变一些教学行为：还原学科全过程，从学科内容本质出发提出问题，引导教学。问题引导教学的关键是保持学生思考力水平不下降。

以学科素养为目标，提高对教学本质的认识水平。教学本质就是要能用问题引发学生思考，启发学生在解决问题的过程中掌握学科知识，形成学科思想方法和能力，发展学科素养。要带着对学科内容本质的认识来反思教学，要能够围绕学科素养，从教学设计中寻找教学存在的问题及原因。对教学设计的追问：①教学内容的核心和本质抓住了吗？②教学目标的制定和达成如何？③学生发现、提出、分析、解决问题了吗？④学生思考力水平保持得怎样？⑤教师对学生思想方法的了解如何？⑥学生存在的问题是什么？⑦教学应该关注什么核心素养？效果如何？

教研活动中，哪种方式的听评课对教师的帮助最大？在课程教学改革的过程中，怎样的专业指导对教师的帮助最大？这些都值得我们去思考和改进。

教师两件最重要的事：上好课和写好教案。白教授的讲座间接指引了一个教师的成长路径，教师的成长需要有课例的专业引领，需要有行为跟进的全过程反思，也给我打开了建设工作室的思路：专家引领、同伴互助，立足课堂、案例研讨是一条重要途径。

白教授豪放的演讲风格给我们留下了很深的印象；年近退休的华琳老师的点评启迪我们不忘初心，继续前行。感恩一路遇见这么多优秀的同行。

**3. 陈素梅老师《教学主张的探索与实践——基于工作室主持人的视角》**

陈老师的讲座引发了我对三个问题的思考。对于我来讲，正高教师和特级教师都评了，好像没有什么追求了。她作为一个物理教育工作者，从哲学的角度审视了教育人生：我为什么活着？我想要怎样的生命状态？我要有怎样的价值追求？

我想，选择做工作室主持人，就是选择了挑战。陈老师首先谈论人生的感悟、人生的历练、人生的修行。成功是逼出来的。一个人，如果你不逼自己一把，你根本不知道自己有多优秀。一个人想要优秀，必须要接受挑战；一个人想要尽快优秀，就要去寻找挑战。“那些糟糕的经历才是人生最美好的遇见。在未来的岁月中，我希望你们经历不公平的待遇，只有这样，你们才能懂得公正的价值。我希望你们尝到背叛的滋味，这样你们才能领悟到忠诚之重要。抱歉，我还希望你们时常感到孤独，唯有如此，你们才不会视朋友为理所当然。我祝你们偶尔运气不佳，这样你们才会意识到机遇在人生中扮演的角色，从而明白你们的成功并非天经地义，而他人的失败也不是命中注定。当你们偶尔失败时，我愿你们的对手时不时地会幸灾乐祸，这样你们才能懂得互相尊重的竞技精神有多重要。”这些话对年近中年的我，也是很有启发的，没错，人生就是一段段的修行。

从教学能手到学科领袖是教师的核心发展，即把自己的专业能量辐射到周围，影响一个区域的学段学科整体水平。

“让生命因它而美丽。给课堂加点色彩，让生活充满浪漫。”教师的职业认同度是懂职业的敏感指标，主要表现为对教师工作的接受、喜欢、投入程度。只有喜欢教师职业、肯花心思投入、乐于和学生打交道的人才能当好教师。教师的职业认同除了与职业认知有关以外，还与职业生活品质有关。做自己喜欢的事是职业认同的前提，知识分子除了能过体面的物质生活，更看重的是在岗位上是不是被尊重，有友爱、能胜任、感兴趣等，表现出对学校的归属感与专业进取心。

她特别提到对物理站的未来进行思考。作为主持人应把握课堂观察诊断、课堂教学设计、小课堂研究。高端教师的成长应在各种教学活动实践中产生。没有带教、讲课、指导、展示、示范等活动，光个人闭门静思，可以埋头做学问，但要在学科圈子里有知名度、话语权、影响力就比较困难了。

所以，在这个时代，作为教师一方面要保持在自己的学科教学领域里修炼，当学科专家；另一方面要走出自己的课堂、学校，为区域乃至更大范围的同行教师的专业发展做点事情。这不仅可以让更多教师受益，个人也能从中得到发展与提升。

## 二、实地跟岗，零距离接触优秀名师工作室主持人

高红妹名师工作室给我最大的感受就是团队团结协作，分工明确，充满激情；主持人专业过硬，指引有方；成员虚心学习，硕果累累。林伟名师睿智朴实，激情奔放；课程凝练，自成系统；课题内容丰富，硕果累累。林老师认为能满足下面三句话的才是真正的名师：

（1）“站起来是一座山”，内心始终坚定而自信。

（2）“坐下来是一本书”，有丰富的涵养，能让人一直读下去而不觉得乏味。

（3）“躺下去是一条路”，能帮助别人，为他人指引方向。

林老师从他自己写的专著《感悟教育》里摘了一段话作为结束语：生命因教育而快乐，生命因实践自己的教育理念而精彩。一个教育工作者，如能在工作、学习和生活中注重感悟，学会感悟，坚持感悟，以无为的心态进行有为的追求，并将自己的所长、所爱、所变“聚焦”在自己爱做、能做且该做的事上，那是一种觉悟、一种智慧、一种幸福、一种精神、一种创造。

这两个工作室都给了我们很大的启发，指明了我们今后的发展方向。林老师的激情讲座使我明白选择了一种职业，也就选择了一种生活方式，选择做工作室主持人，也就承担了一份责任。主持人是团队建设的设计者，教师专业成长的领跑者，教学学术的领唱者。作为主持人应有良好的心态，承担好工作室建设的使命。

岁月让我们容颜变老，激情使我们青春依旧。岁月不饶人，但人可饶岁月。一周的研修结束了，心却一直在回忆着高强度学习中的点点滴滴，陈友芳教授、白涛教授等富有个性的讲座内容还需慢慢思考和消化。新课改的艰辛及教育未来的发展方向给我带来的不仅是震撼，更是反思。深圳跟岗学习让我深深地感受到了与发达地区的差距：是没有先进的设备，还是思维的守旧？一次次的学习，一次次的思考，我想，我们应该勇于接受新的教育理念，见贤思齐，不忘初心，善于归零，努力前行。